JONAS VERLAG

Wir danken für ihre freundliche Unterstützung:

AFP, Agence France-Presse
Creme 21 GmbH, Bad Homburg
Berliner Stadtreinigungsbetriebe BSR
Henkel KGaA, Düsseldorf

Bibliographische Information der Deutschen Bibliothek

Die Deutsche Bibliothek verzeichnet diese Publikation in der
Deutschen Nationalbibliographie; detaillierte bibliographische
Daten sind im Internet über *http://dnb.ddb.de* abrufbar.

© 2006 Jonas Verlag
für Kunst und Literatur GmbH
Weidenhäuser Str. 88
D–35037 Marburg
www.jonas-verlag.de

Gestaltung: Simone Tavenrath
Druck: Fuldaer Verlagsanstalt

ISBN-10: 3-89445-373-7
ISBN-13: 978-3-89445-373-2

Mein Orange

Mehr als eine Generationenfarbe

Herausgegeben von Sabine Weißler
im Auftrag des Kultur- und Bibliotheksamtes
Steglitz-Zehlendorf von Berlin

Jonas Verlag

Inhalt

Sabine Weißler

Warum Orange?

Orange ist überall

Als die Welt um 1970 anfing deutlich bunter zu werden, die Magazine wie Stern und Brigitte bunte Anzeigen druckten, da war Orange – nicht Rot – das Signal für die „frischwärts"-Kultur, wie sie die Reklame der Seife „Fa" verkündete. Sieht man auf die 70er zurück, gibt es noch eine weitere Farbe, die wichtig wurde: Lila. Diese Kunstfarbe, die nicht zu den Spektralfarben gehört, wurde ideologisch durch die Frauenbewegung besetzt und kaum außerhalb dieses Bedeutungszusammenhangs gebraucht.

Creme 21 war 1970 dann die erste große Kampagne, die auf zwei Signale setzte, die in unmittelbarem Zusammenhang standen, eine Botschaft waren: Jugend und Orange. Die Reklame war frech, denn sie zeigte nackte Menschen, das war damals noch sehr ungewöhnlich,

**Orange gegen Niveablau.
Creme 21, 1970**
[Archiv Creme 21 GmbH]

und auch das Abstellen der Kampagne auf diese Farbe war neu. Creme 21 wurde ab 1986 nicht mehr von Henkel in Deutschland vertrieben. Aber Creme 21 war Orange, und mit der Wiedergeburt des Orange kam Creme 21 wieder. Als Kinder waren wir auf die Creme versessen und versuchten immer, die 21 von der Dose zu kratzen, um die reine Orangedose zu behalten. Es ging damals nicht und heute auch nicht.

7

Etwa zur gleichen Zeit der Wiedererstehung von Creme 21 startet in Berlin die BSR den erfolgreichsten Werbefeldzug eines öffentlichen Unternehmens. Mit intelligenten Sprüchen und wirklich guten Fotos schaffte es die orangefarbene Berliner Stadtreinigung die gesamte Bevölkerung hinter sich zu bringen. Der Straßenfeger vor der Tür, der Müllmann: das waren die Helden des Stadtalltags, die uns vor dem totalen Untergang verschonten. Der Spruch, der die Herzen eroberte, war „We kehr for you". Dieser Slogan setzte sich als Begleiter der „Love Parade" durch, deren Massen es einige Jahre hindurch schafften, innerhalb von 24 Stunden die grüne Mitte Berlins in eine Kloake zu verwandeln. Und dann zogen die orangefarbenen Ritter der BSR auf und retteten uns, die Stadt und den Erdkreis. „We kehr for you" war in seiner Doppeldeutigkeit absolut treffend. Wer in der Nähe des Aufmarschgebietes der Love Parade wohnte, war wirklich glücklich über die BSR. Orange machte glücklich.

1997 stellte der Berliner Sender „radio eins" seine Logos in Orange vor, und wenig später folgte das ZDF.

Das politische Orange gibt es auch. Der Orange Order in Nordirland sorgt regelmäßig für Aufregung, und als die Orangene Revolution in der Ukraine ausgerufen wurde, war diese Farbe plötzlich die Identitätsstifterin schlechthin. Obwohl für uns Orange die Farbe der 70er, der Retro-70er, der Jugend und des Aufbruchs ist, ist sie gleichzeitig eine Traditionsfarbe: Das Niederländische Königshaus, die Niederlande sind Oranje, und der erwähnte Orange Order ist seit Jahrhunderten eine Macht in Nordirland. Orange hat dort eine ganz andere, gewachsene Bedeutung, die letztendlich tatsächlich auf die Stadt Orange in Südfrankreich zurückgeht.

Orange ist überall. „A Clockwork Orange" von Stanley Kubrick schockierte 1971 die Welt. Doch vermutlich hat Orange hier nicht mit der Farbe zu tun, sondern ist eine Anleihe an das malaiische „Orang" mit der Bedeutung Mensch, also ein Mensch, der wie ein Uhrwerk funktioniert. Da ich diese Erklärung mehrfach fand, bin ich geneigt, sie zu glauben.

Auf dem Empfang ein orange-farbenes Telefon. Eines der wenigen orangenen Objekte in „Clockwork Orange". Zufall oder Absicht? [„Clockwork Orange", Stanley Kubrick, 1971]

Manchmal sind dann aber doch die Früchte gemeint. In dem gewitzten und amüsanten Roman von Ditta Rudle, Sex Orange (München 1998), ist eigentlich „Sekt Orange" gemeint, was wiederum das darstellte, was in den 60er Jahren auch als „Damengedeck" firmierte: Sekt mit Orangensaft. Und in der Teenykomödie „Orange County" (USA 2002) steht das Land der Orangen für Provinz, für die Gegend, in der sich Has' und Fuchs Gute Nacht sagen.

Seit 1972 bot die Deutsche Bundespost auch farbige Telefone an. Die Farbauswahl der ersten Apparate wurde nach einer Umfrage festgelegt [Foto: KA]

Orange ist eine kapriziöse Farbe. Wenn man denkt, man wüsste genau, was sie bedeutet, welches ihre Botschaft ist, erscheint sie in einem völlig neuen Zusammenhang. Sie spinnt sich wie ein Faden, aber ein unordentlich gewickelter, durch die Geschichte und das eigene Leben. Diesem Faden folgen die Beiträge in diesem Buch.

Die Heimat aller Wattebäusche in den 70er Jahren – die Polystyroldose der Firma Emsa [Foto: KA]

Sabine Weißler

Eine Objektbiografie

Historisch mögen die 70er Jahre 1968 mit dem Attentat auf Rudi Dutschke angefangen und im Oktober 1977 mit dem Sturm auf die „Landshut" in Mogadischu geendet haben. Für die Generation, die in den 70ern geprägt wurde, begannen sie mit der Herausnahme der Zahnspange und endeten mit der Immatrikulation. In dieser Entwicklungsphase verändert sich beim Menschen das Verhältnis zu den Dingen. Für das junge und alte Kind haben Dinge sentimentalen Wert. Für einen Jugendlichen beginnen Dinge Dokumente der eigenen Biografie zu werden: die erste Antibabypillenschachtel, die letzte Rose des Verflossenen, das Lenkrad des ersten Käfers, der dann 1977 verschrottet werden musste – auf ewig im Keller, in Tüten. Es gibt keinen Zeitpunkt mehr, sie loszuwerden. Bewusstsein von der eigenen Vergänglichkeit und damit von der eigenen Geschichte zu entwickeln, ist Bestandteil des Erwachsenwerdens. Man wird sich klar darüber, dass irgendwann das elterliche Haus, die Wohnung verlassen wird, die Menschen, die man liebt, die Wege, die man geht, sich ändern.

Manche schreiben dann Tagebuch, andere sammeln; nicht die Bonbonpapierchen der Kindheit, sondern Spuren des eigenen Lebens. Dinge werden gehortet, die gegen das eigene Vergessen des eigenen Lebens stehen sollen. Die persönliche Erinnerung wurde längst als trügerisch und lückenhaft erfahren. Objekte sind objektiv. Sie scheinen sich nicht zu verändern und behalten ihre Botschaft bei sich. Erst in der Rückschau, nach Jahrzehnten, stellt man fest, was jeder gute Museumsmitarbeiter weiß: die Botschaften mögen vorhanden sein, aber sind sie lesbar? Und: sie verändern sich, je nachdem wer wann liest. Objekte können trügen und lügen und sind mitnichten der Garant für die Unsterblichkeit der Selbsterinnerung.

In den 70er Jahren wurden, wie in den 60ern, Jeans getragen, es wurden immer noch viele synthetische Textilien abgenommen. Ganz oben in der Gunst stand Acryl. Es kam als eine Art Flauschnylon daher. Pullover und Strumpfhosen, selbst Babyartikel waren aus Acryl. Anders als bei modernen Synthetikfasern gab es so gut wie keinen Luftaustausch. Unter den sehr bunten Pullovern wurde geschwitzt und gestunken. Um 1970 herum trat zunächst die Modefarbe „Mais" auf den Laufsteg, oder besser: verbreitete sich auf den Tischen der Warenhäuser, in den Versandhauskatalogen und damit in den Kleiderschränken. „Mais", ein warmer Gelbton, blieb lange in Mode, er „radikalisierte" sich gewissermaßen langsam zum Orange. Parallel dazu erschienen andere Farbtöne: kräftiges Türkis, klares Grün, Rot. Aber bestimmte Kombinationen sind nur mit jener Zeit verbunden. So Orange/Braun, gerne als symmetrische Tapete – damals todchic und heute verpönt. In „Schöner Wohnen", in den 70ern übrigens noch eine Zeitschrift, die sich regelmäßig mit Stadtplanung und Lebensbedingungen von Kindern kritisch auseinandersetzte, finden wir Küchenanzeigen vom „format, styling der Zukunft". Die Kombination: Kühlschrank mit Gefrierschrank an einer Seite, davon oben abgehend eine Zeile Hochschränke und darunter Unterschränke, Herd, Arbeitsplatte, die Küche komplett an einer Wand hat sich durchgesetzt. Sie wird veredelt durch braun-orange Wellen, die sich zwischen Ober- und Unterschränken entlang winden. Früher waren an dieser Stelle Fliesen, jetzt abwaschbare, modische Tapete.

Orange für die ganze Familie. Creme 21, 1969 [Foto: Archiv Creme 21 GmbH]

Aber am Anfang stand das Gelb, und in Gelb besaß ich die ersten modischen Kleidungsstücke. Es waren eine Baumwollhose, geschnitten wie eine Jeans, und ein halbärmeliger Acrylpullover. Ich weiß sogar noch, wo sie gekauft wurden. Meine Eltern, offensichtlich befreit von den drückendsten Zahlungen für das obligatorische Eigenheim der 60er, fuhren zum Einkaufen in eines der ersten großen Einkaufszentren des Rhein-Main-Gebietes. Das war eine völlig neue Konsumform und aufregend. Solche Massen von Waren in einem Gebäude kannten wir auch nicht aus den Kaufhäusern jener Jahre. In diesem Zentrum ging es ziemlich ungewöhnlich zu. Keiner stand hinter einem und beobachtete jeden Warenkontakt argwöhnisch, sondern selbst ich, mit meinen 13 Jahren, konnte zwischen den Kleiderständern umherstreichen und alles anfassen. Ich suchte mir also ausgerechnet diese gelbe Hose aus. Ich war blass, blond und kränklich, und Maisgelb war garantiert nicht die beste Farbe für mich. Aber die gräulichen, freudlosen und unruhigen 60er Jahre lagen hinter mir und jedermann. Die neue Zeit war zunächst Gelb.

Der Pullover wurde im ersten Billigladen der Kleinstadt erstanden. Auch dort war es die Verkaufsform, die alle dorthin zog – ganz unabhängig von den Einkommensverhältnissen wollte jede und jeder auf den Krabbeltischen Preiswertes erobern. Das Gefühl von Ausverkauf im Frühling war berauschend. Auf einem Tisch erstand ich für 5 DM einen ebenfalls maisgelben Pullover und meine Schwester ein braunbeiges Stück mit vier Ösen links und rechts des Ausschnittschlitzes, durch die eine Schnur im Zickzack gezogen war. Die Schnur war braun.

Seit meinem 14ten Lebensjahr gab ich in Deutsch und Mathematik Nachhilfeunterricht. Das erste selbst finanzierte Kleidungsstück war eine Bluse. Sie war aus ganz dünnem Baumwollstoff (der gelbe Pullover bleibt der einzige Acrylpullover meines Lebens) und hatte Manschetten. Sie wurde unter dem geliebten Pullover getragen, der Kragen schaute spitz und kurz oben heraus, und die Ärmel wurden hochgekrempelt. Die Bluse war orange.

Der Einstieg ins Orange war geschafft.

Irgendwann in dieser Zeit bezog ich endlich ein eigenes Zimmer. Ich bekam dazu einige wenige neue Möbel. Das Zimmer war winzig. Es passte ein Schreibtisch, den ich zu meiner Einschulung bekommen hatte, und ein Bett hinein. Da ich nicht immer am Schreibtisch oder auf dem Bett lesen wollte, aber sehr, sehr viel las, wünschte ich mir zu meinem Geburtstag 1972 einen Korbsessel und ein kleines Beistelltischchen. Die Polsterauflage des Sessels ist orange mit weißen Margeriten, der Tisch aus Plastik und reines Orange. Diese Möbelstücke, in denen ich im Wesentlichen meine Jugend verbracht habe, sind die wichtigsten jener Zeit und immer noch intakt. Der orangefarbene Beistelltisch rollt heute auf einem Teppichboden, auf einem gelben, und Bücher liegen nicht mehr auf ihm, sondern Plätzchen und Fernbedienungen. Beides in großen Mengen. Meine Schwester bekam einen Sitzsack – orange.

Überhaupt: In den Jahren zwischen 1970 und 1975 wurden Farben ideologischer als in dem Jahrzehnt davor, wenn man vom Schwarz der Existenzialisten absieht. Alles, was die jungen Leute bekamen, war gelb, orange oder türkis. Die Alten – unsere Eltern waren um die 50 – hatten Grau, Braun, Dunkelgrün. Orange war eine Generationenfarbe, auch eine Generationenabgrenzungsfarbe. In jeder Epoche übernehmen Farben diese Ordnungsaufgabe. In den 70ern war es Orange. Die Prilblumen klebten mit ihren fast meditativ gleichmäßigen Formen in Gelb, Orange und Türkis auf grauen Küchenfliesen. Auf jeder Fliese eine, in der Mitte. Sie gingen nie wieder ab.

In den 70ern setzten sich die Wattebäusche durch. Was haben Wattebäusche mit Orange zu tun? In jedem, wirklich jedem Badezimmer meiner Jugend befand sich die orangefarbene Emsa-Dose mit Wattebäuschen. Das „Werkzeug" der Emsa-Dose wurde 1968 erstellt, und ab 1969 ging sie in den Verkauf. Die Farbe Orange wurde für die Beneluxstaaten (Oranje!) aufgelegt und setzte sich von dort aus in Deutschland durch. Hierzulande startete die Dose in Rot. Die Dose, die später zur Badezimmerdose (Wattebäusche) schlechthin wurde, war eigentlich als Vorratsdose für Lebensmittel gedacht.

Die Pril-Blumen: Das Mandala der 70er Jahre – keine Küche, in der sie nicht klebten [aus: Brigitte, Nr. 24/1973, in: Dirk Schindelbeck, Marken, Moden und Kampagnen, Darmstadt 2003]

VW-Bus, Spagetti, Rotwein, Frankreich – die frühen 70er Jahre mit orangefarbenem Plastikhaushalt
[Foto: H.-P. Knöß]

Bei uns stand sie nicht im Badezimmer. Meine Eltern hatten, aus Gerechtigkeitssinn oder um Gezänk zu vermeiden, eine Dose in Rot für meine Schwester und eine in Orange für mich gekauft. Keine von uns war bereit, die Dose der Allgemeinheit zur Verfügung zu stellen. Sie blieb in dem jeweiligen Zimmer. In meiner Dose war – nichts. Vielleicht befanden sich mal amerikanische Streichholzbriefchen darin, aber im Wesentlichen wurde sie bewacht. Sie wurde so nachhaltig bewacht, dass es sie heute noch gibt.

Pünktlich zum Abitur, mit 18 Jahren, verließ ich mein Elternhaus und strebte in die weite Welt. Diese bestand zunächst aus Heidelberg, was sich doch als sehr kümmerliche Variante von Welt herausstellte. Ab 1979 war ich in Berlin. In Heidelberg ging man einfach zu jemandem hin, wenn man ihn besuchen wollte. Genau zwei meiner Kommilitonen besaßen Telefon. Einer war viel älter und sowieso anders, der zweite Sohn eines Chefarztes.

In Berlin wurde man für exzentrisch gehalten, wenn man kein Telefon besaß. Ich lehnte diesen Luxus beinhart ab, gemeinsam mit meiner Freundin Heike. Wahrscheinlich waren wir die beiden Einzigen am Institut, die kein Telefon hatten. Die Heidelberger Verhältnisse kehrten sich um. Ich verlangte trotzdem, quasi als Treuebeweis, dass

Den Rowenta-Fön gab es 1977 zum Auszug aus dem Elternhaus – natürlich in Orange
[Foto: KA]

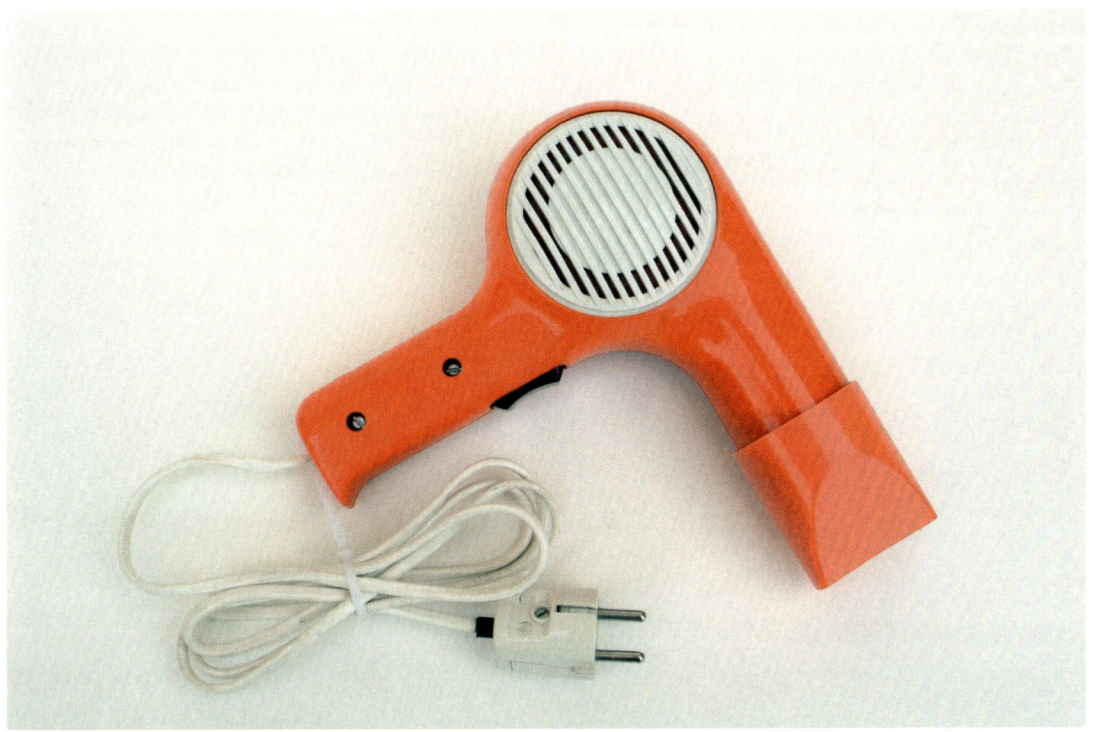

es auch bei ihr dabei bliebe. Irgendwann brachte ich sie zum Zug, sie schaute noch mal aus dem Fenster und sagte: Ich habe mir einen Telefonanschluss bestellt. Sie fuhr ab. Die Schlacht war verloren. Ich ging zur Post und bestellte auch einen. Weil ich das Gefühl hatte, ich verlöre durch das Telefon meine festen Mauern um mich herum, verriet ich bestimmt zwei Jahre kaum jemandem meine Nummer. Aber das Entscheidende war: mein erstes Telefon war orange. Seit kurzem gab es endlich auch in der Bundesrepublik farbige Telefone: waldgrün für die Alten (s. o.) und orange für mich. Es hatte den Vorteil, unter damals noch großformatigen Zeitungen auffindbar zu sein.

Das war 1980. Orange war vorbei.

Und jetzt: zunächst schleppte es die ein Jahr ältere Freundin meiner Tochter herein: Orange. „Das ist ihre Lieblingstasche", war die knappe Erläuterung auf meinen Kommentar zu diesem Teil mit orangefarbenen Blumen, in dem das Gepäck für eine Wochenendübernachtung steckte. Dann tauchten immer mehr Gegenstände in Orange auf: Blusen, Turnschuhe, Rucksäcke, Kugelschreiber, der Beistelltisch meiner Jugend gilt nunmehr wieder als präsentabel. Überall quoll das Orange aus den Ritzen, Kleiderschränken und Druckerzeugnissen. Verwirrenderweise sahen die männlichen Models der H & M-Broschüre so aus wie die Jungs, in die ich mich mit 16 zu verlieben pflegte, und trugen auch die gleichen Jeans. Kurzzeitig überlegte ich, ob ich die Originalclogs, Birkenstock, von 1977, die ich wegen Lärmbelästigung nicht zu Hause tragen durfte, in eine Vitrine stellen sollte, neben den Salzstreuer aus dem Tchibo-Porzellan „Heidesand" und eben jene Emsa-Dose. Das perfekte Ensemble zur Retro-Welle. Aber eben auch ein Ensemble zu Lebensrhythmen. Ist die immerwährende Jugend nicht endgültig vorbei, wenn sie einem auf der Straße von Anderen gelebt wieder begegnet? Der Gedanke, dass Objekte Biografien beschreiben, ist nicht neu. In der Volkskunde vergleicht man manchmal, was von der Liste der Aussteuer beim Tode noch da war. Beide Verzeichnisse waren oft die einzigen, die bei einfachen Menschen gewissenhaft geführt wurden. Auf meiner Liste stehen eine Menge Plastikwaren, orange.

Sitzsack. Millionen Kügelchen in PVC, farbbeständig seit 1974 [Foto: N.N. Pušija]

Esszimmer 2006. Eine Antiquität aus der Jugend [Foto: Johanna Weißler]

Harald Martenstein

Klug durch Wiederholung
Wie finden wir das Neue im Retro?

Die Politik

Die erste große Retrowelle ist die Renaissance gewesen, im 14. und 15. Jahrhundert. Bekanntlich hatte die Eroberung von Byzanz durch die Türken, im Jahr 1453, unter den, sagen wir's mal modern, byzantinischen Intellektuellen eine Fluchtwelle ausgelöst. Byzanz, vormals Konstantinopel, von nun an Istanbul, war der letzte, stark heruntergekommene Rest des oströmischen Reiches gewesen. Nun also tauchten überall in Europa plötzlich Gelehrte auf, die einen Job suchten, griechisch sprachen und sich als Repräsentanten antiken Geistes verstanden. Flüchtlinge und Gastarbeiter brachten die europäische Kultur auf den Weg, der in die Moderne führte.

Die Künstler der Renaissance und die Denker des Humanismus verbanden beides, das Nostalgische und das Fortschrittliche. Waren sie überhaupt nostalgisch? Sie priesen die Philosophie und die Dichtung der Antike, ja, sicher, aber nicht, weil sie Sehnsucht nach der Vergangenheit hatten. Sie sehnten sich nach etwas Neuem. Sie sehnten sich nach Klarheit, statt nach Mystik. Sie wollten Bildung und Studium, statt blinden Glaubens, sie wollten mehr über den Menschen wissen, statt immer nur Gottes Willen zu ergründen. Sie priesen die Antike, aber sie priesen nicht Sklaverei und Vielgötterei.

In einer politischen oder geistigen Retrowelle sucht man sich immer nur das aus, was man braucht, jetzt, in der Gegenwart, mit Blick auf die Zukunft. Eine Retrowelle funktioniert wie Recycling, die Vergangenheit wird als ein Rohstoff behandelt, der sich zu etwas Neuem umarbeiten lässt. Das Vergangene kehrt niemals zurück.

Die Achtundsechziger waren keine Retrowelle, jedenfalls nicht im engeren Sinn. Aber es gab bei ihnen Elemente von Retro – vor allem den Rückbezug auf die Geschichte der Arbeiterbewegung. Was für den Renaissancemenschen die Antike war, ist für den Achtundsechziger die Pariser Commune und die Oktoberrevolution gewesen. Die Achtundsechziger hätten sich den Kommunistischen Parteien anschließen können, die sich auf genau diese Traditionen beriefen, aber das taten nur wenige von ihnen. Stattdessen verband sich in der Bewegung der Achtundsechziger das Retroelement (Marxismus, Geschichte der Arbeiterbewegung) mit Neuem (vor allem dem Pop) und mit anderen Traditionen, die historisch jünger waren als der Marxismus (zum Beispiel dem Feminismus).

Achtundsechzig war keine Arbeiterbewegung, und die Germanen waren keine Nazis, auch wenn die Nationalsozialisten versucht haben, das Germanentum zu recyceln. Es gibt in der Kultur und der Politik wirklich nur selten echte Retrowellen, vielleicht nie. Wiederverwertet wird, was sich in neuem Zusammenhang umfunktionieren lässt, das andere verschwindet endgültig. Die Götter der Antike sind deshalb bis heute nicht wieder aufgetaucht, genauso wenig wie die Mode, zu weiten, gerade geschnittenen Jeans Clogs zu tragen.

Die Mode

Die Frage ist, ob ein ästhetisches Phänomen, ein Stil, ein Reiz auch auf den zweiten Blick seinen alten Zauber entfalten kann, die Antwort lautet selbstverständlich nein. Ob es die Pril-Blume aus den 60er Jahren ist, Schlaghosen, Diskokugeln oder die Modefarbe Orange, sie begegnen uns bei ihrer Wiederkehr als eine Art Karikatur.

Was einmal neu war, kann auch in der Mode nie wieder neu sein. Was einmal rebellisch wirkte, hat sein rebellisches Potential nach einer gewissen Zeit verbraucht, dafür sorgt die alles assimilierende Kraft des Kapitalismus. Modische Retrowellen sind trotzdem etwas anderes als geistige oder politische Retrowellen.

Ausgerechnet das Modische erhebt, unausgesprochen, fast immer den Anspruch des Endgültigen. Das Neue hat ja überhaupt nur dann einen Sinn, wenn es behauptet, besser oder schöner zu sein als das Bekannte, Althergebrachte. Die neue Kragenform, die neue Modefarbe oder das neue Möbeldesign soll den Geist seiner Zeit zum Ausdruck bringen, aber sein Auftauchen hat auch mit dem Gedanken des Fortschritts zu tun. Der Fortschritt ist nicht tolerant, er ist von seiner Überlegenheit überzeugt. Wenn die neue Form oder die neue Farbe aber tatsächlich besser, schöner oder einfach nur zeitgemäßer ist, als das, was von ihr verdrängt wurde – könnte es dann nicht womöglich die beste Form, die beste Farbe sein? Das Rad der Moden könnte ja wirklich eines Tages stehen bleiben. Theoretisch gibt es diese Möglichkeit, eine historische Sekunde lang. In dem Moment, in dem wir die Modefarbe Orange zum ersten Mal gesehen haben und schön fanden, dachten zumindest einige von uns: Das ist sie, die absolute Farbe.

Die Mode spricht stärker das Gefühl an als den Verstand, das ist der Unterschied. In der Frage, ob eine Farbe oder eine Hose oder ein Rock einem gefällt, gibt es kein richtig und kein falsch. Wir wissen, dass auf jeden wissenschaftlichen Fortschritt sehr wahrscheinlich ein

Die Fönfrisur gehört wie Orange zu den 70er Jahren
[aus: Brigitte 9/1976]

weiterer Fortschritt folgen wird und auf jede künstlerische oder politische Avantgarde eine neue Avantgarde. Eine Modefarbe wirkt endgültiger und weniger historisch als Erscheinungsformen des Fortschritts, weil sie sich scheinbar nicht kritisieren lässt.

In der Retrowelle aber sind wir klüger geworden, oder glauben es wenigstens, und schauen auf unsere Begeisterung von damals zurück, wie ein Erwachsener auf ein Kind schaut. Was schön oder aufregend oder erotisch wirkte, oder sogar perfekt, sieht nun lustig oder schräg oder putzig aus. Es ist nicht hässlich, man kann es mögen, aber die Erinnerung an unseren naiven ersten Blick schafft eine Distanz, eine peinliches Gefühl, das verhindert, dass der zweite Blick uns ähnlich stark bewegt. Es ist immer so. Wir haben aber nicht wirklich dazugelernt, denn inzwischen begeistern wir uns, ohne jede Ironie, für neue Farben und neue Formen.

Das Meisterwerk erkennt man bekanntlich daran, dass es nicht modisch wirkt, sondern fast zeitlos. Das Gute ist immer das Gegenteil des Modischen. Das, was auf den zweiten Blick nicht wie eine Karikatur wirkt, ist wahrscheinlich gut. Die meisten von uns brauchen allerdings den Abstand vieler Jahre, um das Gute vom Modischen unterscheiden zu können.

Die Industrie geht also ein Risiko ein, mit den Retrowellen, die sie in regelmäßigen Abständen inszeniert. Die Retrowelle könnte uns Konsumenten misstrauisch machen, was die Moden von heute betrifft. Sie könnte uns anspruchsvoller machen. Sie könnte uns lehren, auch auf das Heute mit Distanz und Ironie zu blicken. Am Ende versucht womöglich jeder, seine eigene Mode zu finden, sein eigenes Orange, daran kann die Industrie kein Interesse haben. Aber dazu sind die meisten von uns nicht stark und unabhängig genug.

Karneval der Kulturen

Bei einer Retrowelle gibt es für die Konsumenten immer zwei Möglichkeiten. Entweder hat man die ganze Sache schon einmal erlebt, oder man macht es zum ersten Mal mit. Wer eine Mode erst in ihrer Retro-Variante zum ersten Mal aus der Nähe erlebt, fühlt sich wie in einer Verkleidung. Die Lust an Retro hat dann etwas von Karneval und Maskenball. Eine besonders erfolgreiche Retro-Veranstaltung ist denn auch der Karneval von Venedig, 1979 wieder belebt nach etwa einem Jahrhundert Pause. Sonderbarerweise scheint es ein Verfallsdatum für Ironie zu geben: Wer mittelalterliche Gewänder oder Masken anlegt, etwa beim Basler Morgenstraich oder bei der Semana Santa in Sevilla, hat dabei womöglich seinen Spaß, aber dieses Vergnügen wird nicht durch ein Bedürfnis nach Distanzierung gedämpft.

1969 bezog der SPIEGEL das neue, innen von Verner Panton gestaltete Gebäude. Geblieben ist die Kantine, damals wie heute in Orange
[Foto: SPIEGEL]

Die Teilnehmer, zumindest viele von ihnen, möchten nachempfinden. Wie war das damals? Sie nehmen ernst, was sie tun. Aber es ist hoffnungslos, es geht nicht.

Jeder möchte manchmal die Zeit anhalten, oder in der Zeit zurückreisen. Wenn man sich dann verkleidet im Spiegel betrachtet, sieht man aber nicht die Vergangenheit, sondern man bemerkt, wie lächerlich die Gegenwart ist. Das ist gleichzeitig traurig und lustig.

Thomas Rogalla

Orange sieht man besser

Warum entscheidet man sich heute für Orange? Im politischen Raum hatte sich die CDU dafür entschieden, weil die Farbe bei der Jugend erstens „total in" sei, zweitens Zuversicht und Reformwillen signalisiere. Die neue Farbe der Konservativen? Franz Müntefering läuft gleichzeitig listig mit alten orangefarbenen Ansteck nadeln aus den „Willy wählen"-Wahlkämpfen von 1972 herum. Klar: Orange, nah am Rot, ist eigentlich eher die Farbe der Sozialdemokraten. Da sich aber alle heute in der (neuen) Mitte drängeln, verschwimmen dort auch die Farbunterschiede. In Österreich hat sogar der eher bräunliche Rechte Jörg Haider von Blau auf Orange umgesattelt, bei gleichen Inhalten.

Orange macht alles mit. Es ist einerseits die Trendfarbe für die nächsten Jahre, meldet das Lackunternehmen BASF Coatings: „Orange ist angesagter denn je", weiß die Firma, es werde im Automobillackbereich auch Varianten wie Kupfer (zwischen Rot und Orange) erleben. Merkwürdig. Denn nach Auskunft der Filmakademie Baden-Württemberg ist Orange nach Braun „die unbeliebteste Farbe der Deutschen". Sie stehe für das Laute und Billige. Ole von Beust (CDU) hingegen hat es für seinen Landtagswahlkampf in Hamburg genommen, weil seine Werbeleute auf die wertige und edle Anmutung von Orange setzten. Das kam auch an. Die Hanseaten haben ihn zum Hamburger Bürgermeister gewählt. Während die CDU das Erfrischende an Orange schätzt, hat sich das ZDF für Orange auch wegen der glutwarmen Ausstrahlung entschieden, die das kalte Nachrichtenblau des Senders kontrastieren soll. Gibt zusammen lauwarm. Mit Orange geht alles.

Warum wollen alle Orange? Die besten Erklärungen über die widersprüchliche Konjunktur von Orange stammen aus Berlin. Eine ist die von Thomas Macho, Inhaber des Lehrstuhls für Kulturgeschichte an der Humboldt-Universität. Dass sich in der Politik alle auf „Ignorange" werfen, habe schlicht damit zu tun, dass die Farbe noch „frei" war, meint der Forscher. Rot, Schwarz, Grün und Kombinationen wie Blau-Gelb: Alles war schon an Parteien vergeben. Zwar könne der Mensch 250.000 Farbnuancen optisch unterscheiden, aber die Zahl der einschlägigen Farbwörter sei sehr begrenzt. Mit „Magenta" hatte die Telekom sich einen der letzten freien Farbbegriffe geschnappt. Also nimmt die CDU Orange und nicht ein konservatives Resedametallicblau. In Berlin regiert Rot-Rot, und nicht Zinnoberrot und Erdbeerrot.

Seit 1997 sendet radio eins in Orange [Abb.: rbb Marketing]

Was immer die Werbeleute von Parteien, Radiosendern oder Fluglinien uns mit ihrem jeweiligen Orange sagen wollen: In Berlin landen sie mit ihren Interpretationen und Konnotationen stets auf Platz 2. Auf Platz 1 liegt: die BSR. Fragt man die Hauptstädter, was sie mit der Farbe Orange assoziieren, dann sagen über 90 Prozent: die Berliner Stadtreinigung. Dort betrachtet man gelassen den modischen Orange-Hype. „Wir sind das Original", sagt Unternehmenssprecherin Sabine Thümler. „Alle anderen sind nur Nachahmer." Orange ist die Traditionsfarbe der BSR. In West-Berlin wurde der damalige Eigenbetrieb vor etwa 35 Jahren orange eingefärbt, vorher waren die Müllautos meist grau-braun. Das war einerseits unempfindlich gegen die grau-braun staubenden Aschereste aus den Kachelöfen, die beim Entleeren der Mülltonnen („Keine heiße Asche einfüllen!") aufstiegen. Im bis zur Wende braunkohlebeheizten Ostteil trugen die DDR-Müllwerker winters deshalb noch bis in die Achtziger Jahre aschgraue Arbeitskleidung. Andererseits waren die BSR-Autos und die Müllkutscher im damals anschwellenden Autoverkehr auf den Straßen im Westen nur schlecht zu erkennen: Ein einleuchtender Grund für die neue, auffällige Lackierung.

Die BSR braucht für ihre Traditionsfarbe also keine geschraubten Erklärungen: „Orange sieht man einfach besser", konstatiert Thümler. Orange wurde damals überhaupt zur „Kommunalfarbe". Müllabfuhr, Straßenreinigung, Wasserversorgung wurden noch ausschließlich von den Kommunen wahrgenommen. Wer auf öffentlichem Straßenland arbeitete, griff aus Sicherheitsgründen zu Orange. Doch gesehen werden ist nicht alles. Modernes Orange garantiert noch keine Wahrnehmung als moderner Betrieb. Die BSR im Westen litt schon in den Achtziger Jahren zunehmend darunter, dass ihre Leistungen vom Berliner Publikum nicht ausreichend gewürdigt wurden, wohl aber ihre Fehlleistungen. Von erstarkenden privaten Konkurrenten wie Alba unter Druck gesetzt, musste sich der Eigenbetrieb immer häufiger dafür rechtfertigen, dass Schnee nicht rasch geräumt, Papierkörbe nicht geleert und die vom Regierenden Bürgermeister Eberhard Diepgen persönlich ausgemachten „Schandflecken" in der Stadt nicht entrümpelt waren. Mit der Fusion von Ost- und West-BSR im Jahr 1992 ergab sich die Notwendigkeit, den vereinigten Stadtreinigungsbetrieb völlig umzustrukturieren, vom Image des angestaubten, überbesetzten, von der Gewerkschaft ÖTV geknebelten Verwaltungsapparates zu befreien und effizienter zu gestalten. Seit 1992 sank der Personalbestand der BSR von 11.500 auf rund 5.400 Beschäftigte, also um rund 50 Prozent. Umso wichtiger wurden Leistungsbereitschaft und Motivation jedes einzelnen Mitarbeiters. Aber wer arbeitet schon gern, wenn die ganze Stadt über die eigene Firma nörgelt? Eine Forsa-Umfrage ergab Ende der Neunziger, dass die Berliner die Stadt als dreckig empfanden, die BSR dafür verantwortlich machten und ein negatives Bild des Unternehmens hatten.

Die Wende für die BSR kam im Frühjahr 1999. Mir einer vielfach ausgezeichneten Werbekampagne gelang es der Berliner Agentur Heymann Schnell, in den Köpfen der Berliner ein völlig neues, positives Bild der BSR zu etablieren und gleichzeitig das Selbstbild der BSR-Beschäftigten zum Besseren zu wenden. Die wichtigsten Zutaten der Kampagne, die in mehreren Stufen bis heute fortgesetzt wird: genialische, zeitgeistvolle Slogans („We kehr for you"), das Foto eines kleinen, dicken Straßenkehrers mit Brille und Bärtchen, der Sympathie für das Unternehmen weckte, und: die Farbe Orange. Die Werbeleute schafften es, mit tausenden leuchtorangefarbenen Plakaten, Prospekten, Spots und Postkarten aus der „Kommunalfarbe" der BSR eine Kultfarbe zu machen. Geschickt machte man sich an die seinerzeit grassierende Love-Parade- und Dance-Club-Jugendbewegung heran, in der Orange als Modefarbe gerade wieder im Kommen war. Heymann Schnell ließen ihren dicken Straßenkehrer in der BSR-Kluft als „Saturday Night Feger" auftreten, „Dreck No beim Techno", stand auf den Kehrmaschinen, die den Tiergarten nach den Müllorgien der Love Parade wieder in Ordnung brachten. Mit „Save the Rave" waren die T-Shirts der BSR-Mitarbeiter bedruckt, die den Partyabfall tonnenweise auf die Müllautos schaufelten, bewundert und angefeuert von starkbusigen, tätowierten Raverinnen. Die Modezeitschrift „Elle" erklärte die BSR-Shirts für trendy. Die Kampagne schaffte

Als die Love Parade die Stadt im Dreck begrub, war der geniale Slogan in seiner Doppeldeutigkeit eindeutig [Abb.: BSR]

Hund auf Orange, ein Bild, das jeder Berliner sofort versteht. Die Kampagne der Berliner Stadtreinigung BSR von Heymann Schnell machte aus Müllmännern hochgeschätzte Stadtpfleger [Abb.: BSR]

es, eine kommunale Dienstleistung zum Kult zu pushen. Ganz gegen den in den Hartz-Gesetzen kulminierten Trend, Arbeitslose durch die erzwungene Aufnahme „niederer" Tätigkeiten wie Müllsammeln im Park zu disziplinieren, verschaffte die Kampagne den Straßenkehrern und Müllkutschern der BSR mehr Anerkennung und in gewisser Weise einen besseren gesellschaftlichen Status. Den Berlinern wurde insbesondere nach Großereignissen wie der Love Parade oder den Silvesterfeiern am Brandenburger Tor klar, welchen unverzichtbaren Beitrag zur Großstadthygiene ihre toughen „Men in Orange – M. I. O." (benannt nach dem Kinotitel „Men in black") leisteten. Mit einem an eine Haarsprayreklame angelehnten Spot fasste Heymann Schnell die Arbeit der BSR zusammen: „Drei Wetter tough: 3.00 Uhr Blitzeis, vorgezogene Frühschicht. 5.00 Uhr: fegen im Regen. 11.30 Uhr: pralle Sonne, perfekte Sauberkeit, dank BSR. Wir sorgen dafür, dass unsere Stadt stets wie frisch frisiert ist."

Überhaupt ging es in den bisherigen Kampagnen nicht bierernst zu, lieber weckten die Wortspieler der Agentur beim Publikum Assoziationen an beliebte TV-Serien wie Raumschiff Enterprise („Sternzeit 1999 in Berlin: Unendliche Mengen von Müll – das sind die Abenteuer der Räumflotte BSR …) oder Filme („Retter des Müllenniums – Möge die Sauber-Macht mit euch sein!"). Die Werbepräsenz des Orange-Imperiums zeigte Wirkung: mehr Sympathie (nach einem Jahr Kampagne 49 statt 32 Prozent der von Forsa Befragten) und sogar die gefühlte Verbesserung der BSR-Arbeit beim Bürger: 23 Prozent der Befragten gaben an, BSR-Mitarbeiter häufiger auf den Straßen anzutreffen – obwohl kein einziger Mitarbeiter mehr eingesetzt worden war. Mit dem Bild von „Dirty Harry", einer grinsenden Promenadenmischung, brachte die BSR unauffällig die Sprache auf das klebrige Berliner Dauerthema Hundekot und damit auf den – neben der Imageverbesserung – eigentlichen Zweck der Kampagne: die Berliner nachhaltig zu mehr Sauberkeit zu „bekehren" – ohne dass sie es merken. Denn „keine noch so deutliche Leistungssteigerung der BSR kann so positive Effekte bewirken wie sie durch die Verhaltensänderung des einzelnen Bürgers erreichbar sind". An diesem Gehirnwäschevorgang wird noch gearbeitet, mit immer neuen, orangefarbenen Aktionen und Appellen. Ungebrochen unter den Berlinern ist etwa die Auffassung, dass man als Hundesteuerzahler auch das Recht zur umfassenden Straßen- und Parkverschmutzung erworben habe. Dem setzt die BSR entgegen, dass das Braune ins Orangene muss, nämlich in einen der 20.356 leuchtend lackierten Papierkörbe. Vor einigen hatte man kleine Treppen aufgestellt, um Kinder an das geregelte Wegwerfen heranzuführen. Anspielungsreiche Plakate (beispielsweise mit dem Ägypterkönig „Tut es Reintun" oder einem Musketier „Eimer für alle!") weisen auf die „20.356 Filialen" der BSR hin. Putzaktionen mit Schulen und in Wohnquartieren (Auf die Straßen, Plätze, los!) sollen die Bereitschaft der Leute erhöhen (wie bei Gesundheit, Rente, Arbeitsplatzerhalt …), auch beim Sauberhalten der Stadt „mehr Eigenverantwortung" zu übernehmen (und die Kosten zu senken). Die Putzaktionen setzen in den sozialen Problemkiezen der Stadt durchaus wichtige Impulse gegen Vermüllung, Zerstörung und Selbstzerstörung. In verwahrlosten Quartieren, in denen sich viele der von der Gesellschaft Ausgesonderten kaum noch um sich selbst, geschweige denn um die Sauberkeit ihres Vorgartens kümmern, ist der Weg vom „We kehr for you" der Stadtreinigung bis zum „We kehr for us" besonders weit. Da sind dann doch die Wirkungsgrenzen von Imagekampagnen und Impulsen durch eine frische Kommunalfarbe erreicht.

Noch mehr Orange. 2006 bekommen die Niederlande neue Briefkästen [Foto: Mark Weenen]

Paul Stoop

Du bist Holland
Farbnachrichten aus der Bananenmonarchie

Die Deutschen sind schuld. Wenn man denn jene, die vom 11. Jahrhundert an das Sagen in der Grafschaft Laurenburg hatten, als Deutsche bezeichnen kann. Die Herren waren wohl eher West-Hessen. Aber „die West-Hessen" klingt längst nicht so gut wie „die Deutschen". Die Adligen, um die es hier geht, hatten jedenfalls schöne deutsche Namen wie Ruprecht, Dudo, Arnold und Walram. Sie waren Grafen von Laurenburg, benannt nach ihrem an der Lahn gelegenen Domizil. Im Jahr 1124, also noch vor Einführung der Eigenheimzulage, begannen diese Herrscher mit dem Bau einer weiteren Burg, der Burg Nassau, unweit der Laurenburg gelegen. Der erste, der sich Graf von Laurenburg und Nassau nennen konnte (1160), war Walram I, der Stammvater des Geschlechts Nassau. Wie damals üblich, heirateten die Grafen und übernahmen die Herrschaft über andere, ferne Regionen. Sie brachten einige ihrer Kinder in anerkannten Jobs unter: Nonne, Erzbischof, oder auch deutscher König – von 1292 an regierte Adolf von Nassau, bis er 1298 abgesetzt in der Schlacht bei Göllheim getötet wurde. Da war die Grafschaft übrigens schon brüderlich geteilt worden: Während Walram II den südlichen Teil, Idstein und Weilburg, sein Eigen nannte, begründete Graf Otto I mit Übernahme der Amtsgeschäfte in den nördlichen Gebieten Dillenburg, Siegen und Herborn die ottonische Linie der Nassauer. Deren Amtssitz war die Dillenburg, gelegen an der Dill.

Man könnte auch sagen: Adelheid ist schuld. Denn die war maßgeblich daran beteiligt, dass die Dillenburg-Nassauer eine bleibende Verbindung mit den Niederlanden eingingen, die es damals als Staatswesen genauso wenig gab wie Deutschland. Also: Ein Enkel des Grafen Otto I, Otto II von Dillenburg-Nassau (1305–1350), heiratete die reiche Erbtochter Adelheid van Vianden, die unter anderem Gebiete in den Ardennen und Brabant ihr Eigen nannte. Der Enkel des Paares, Engelbert I (ca. 1370–1442), vermehrte Besitz und Ansehen des Geschlechts erheblich durch seine Heirat mit der zwölfjährigen Johanna van Polanen, Herrin weiter Landstriche in Holland, Brabant, Utrecht, Seeland und im Hennegau.

Vielleicht ist letztlich aber Claudia schuld. Denn Claudia von Chalon heiratete Heinrich von Nassau (1483–1538), der auch eine Visitenkarte mit dem Aufdruck Baron von Breda besaß. Claudia war unter anderem Prinzessin des souveränen Stadtstaates Orange an der Rhône. So kam der Titel Oranje in die Niederlande und verlieh seinen Trägern von Beginn an einen besonderen Glanz. Einerseits war der Kaiser für die Nassauer oberster Lehnherr, genau wie für die anderen Adligen in den Niederen Landen, andererseits befand sich der Nassauer als souveräner Prinz von Orange auf gleicher Augenhöhe mit dem Kaiser. Aus der Masse der edlen Herren, die in den Niederen Landen damals das Sagen hatten, hoben sich die Nassauer damit ab. Heinrich und Claudias Sohn René erbte beim Tod des Vaters den Titel eines Prinzen von Orange. René hinterließ keine ehelichen Kinder und vererbte seinen Besitz seinem Neffen Wilhelm. Und dieser Wilhelm von Oranien, geboren am 24. April 1533 auf Schloss Dillenburg, wurde der Vater des Vaterlands, und deshalb darf über Prinzessinnen und Fürsten nicht schweigen, wer über die Niederlande und Oranje spricht.

Das niederländische Orange ist mehr als eine Farbe unter vielen. Farben geraten aus der Mode, werden von derselben nach Jahrzehnten wieder entdeckt. Rote Trikots für die deutsche Fußballnationalmannschaft? Es ist offenbar kein Problem, sich hin und wieder vom klassischen Weiß zu verabschieden. Das Rot der Sozialisten, Sozialdemokraten, demokratischen Sozialisten, Kommunisten in allen Formen, Ausprägungen und Internationale-Nummerierungen hatte eine starke Bindungskraft, eignete sich aber nie als umfassende Symbolfarbe. Das Grün des Islam wird manchmal zur Mobilisierung eingesetzt, aber auch diese Farbe zielt auf Spaltung, Zuspitzung, auf Konfrontation und Ausgrenzung ab. Orange hält auch nicht immer, was es verspricht. Das irische Orange polarisiert. Das Orange des demokratischen Aufstands der Ukraine erlebte nur eine kurze Blütezeit. Die ganze demokratische Welt heftete sich 2005 die Signalfarbe für einen Moment ans Revers. Aber schon im Wahlkampf 2006 trat die Ober-Orangistin Tatjana Timuschenko mit ihrer neuen Parteifarbe Weiß an, weil sie sich mit ihrem orangenen Verbündeten Juschtschenko zerstritten hatte. Das niederländische Orange ist das Gegenteil zu diesen Oranges: über Jahrhunderte präsent und gegen Widerstand durchsetzungsfähig, am Ende praktisch unabhängig von der Staatsform akzeptiert, einnehmend, Gegensätze überdeckend und auch durch so manchen Skandal nicht wirklich zu erschüttern.

Dass Wilhelm von Oranien-Nassau Vater des Vaterlands wurde, kam so: Er war Statthalter in den Provinzen Holland, Utrecht und Seeland, eine Art militärischer Gouverneur, dem Habsburger Kaiser Karl V verantwortlich. Denn der Kaiser selbst kümmerte sich nicht so intensiv um die Details in den Niederen Landen, schließlich ging die Sonne in seinem Reich nicht unter; Spanien und die Kolonien hatte er ja auch noch in seinem Portfolio. Als Karls Sohn Philipp II eine Politik zunehmender Zentralisierung seiner spanisch-niederländischen Herrschaft betrieb, führte Wilhelm von Oranien eine Gruppe niederländischer Adliger an, die sich dagegen auflehnten. Es ging um Privilegien und Einfluss, keineswegs um Unabhängigkeit. Der Konflikt eskalierte in den 1560er Jahren. Sozialer Unfriede der Unterschichten trug ebenso dazu bei wie die Ablehnung überzogener Steuerforderungen und die Abwehr gegen den kämpferischen Katholizismus des spanischen Königs. Wilhelm selbst spielte eine zentrale Rolle zu Anfang der Entwicklung, die dann aber eine eigene Dynamik annahm, angetrieben von radikaleren Edlen Herren. Unsterblich wurde aber der Oranier durch seinen gewaltsamen Tod: 1584 wurde er in Delft vom religiösen Fundamentalisten Balthasar Gerards ermordet. Dieser fühlte sich berufen, den Bannfluch Philipps II gegen Wilhelm von Oranien und dessen Mordaufruf in die Tat umzusetzen – ein politischer Mord als Erfüllung einer monarchisch-katholischen Fatwa. Der Ruhm des tödlich getroffenen Oraniers wird in Delft bis heute stolz dargestellt.

Während die nördlichen Niederlande schon mitten im Konflikt selbstständig handeln konnten und sich in den ersten Jahrzehnten des 17. Jahrhunderts zu einer kommerziellen und militärischen Weltmacht entwickelten, wurde die volle Souveränität erst 1648 im Frieden von Münster besiegelt und international anerkannt. Einen Kaiser oder König brauchten die Vereinigten Provinzen nicht, sie organisierten sich als Republik: locker strukturiert, ein Gebilde zwischen einem Staatenbund und einem Bundesstaat. Die Oranier, die seit Wilhelms Sohn Frederik-Hendrik die Bezeichnung „Oranien-Nassau" trugen, nahmen dabei eine wichtige Stellung ein. Sie wurden immer wieder von den Provinzen zum Statthalter ernannt; in fünf Provinzen war das Amt von 1672 an erblich. Es war also eine Republik mit dynastischen Elementen. Der Schweizer Mediziner und Naturforscher Albrecht von Haller, der 1725 bis 1727 in den Niederlanden lebte, beschrieb dies treffend: „Die Regierung ist ziemlich verworren, und denen meisten Holländern selbst unbekannt." Das Duo der „vornehmsten Männer des Staates" bildeten der „Ratspensionär", der oberste Beamte der Vereinigten Provinzen, und der Statthalter oder Feldherr, „der auß dem Hause Oranien bisher genommen worden und einen großen Einfluß auf alle Staatssachen hat".

Ohne Spannungen verlief das Ganze nicht. Es gab Phasen ohne Statthalter, als die Vertreter der mächtigen Händler- und Bürger-

Niederländische Fans [Foto: AP]

schicht, die Regenten, die Geschicke des Landes selbst in die Hand nahm. Aber wenn es mal wieder so richtig kriselte, erklang der Ruf nach dem Oranier, der gerade reif war für die Aufgabe. Und der übernahm dann wieder die Statthalterschaft, wie 1747, als Frankreich zur Bedrohung wurde. Mit dem Aufkommen der Demokratisierungsbewegung, die sich von der Aufklärung inspiriert fühlte, war es dann vorbei mit diesem Modell. Es gab aufreibende Auseinandersetzungen zwischen den Orangisten und den Modernisierern, die sich das Etikett „Patrioten" angeheftet hatten. Diese wollten die Befugnisse des Statthalters einschränken, die Verwaltung erneuern, aber auch die Macht der Regentenschicht zurückdrängen. Die Patrioten setzten sich 1780 zunächst durch; die Macht der Oranier konnte 1787 nur mit Hilfe der preußischen Armee wiederhergestellt werden.

Die napoleonische Eroberung 1795 brachte die Revolution von außen – die Niederlande wurden als „Batavische Republik" eine Tochterrepublik Frankreichs. Unter heftigen Spannungen, aber überwiegend friedlich, wurde das Land zu einem Einheitsstaat umgewandelt: Wahlrecht, Verwaltung, Rechtswesen, Bildungs- und Steuersystem wurden modernisiert. Auch wurde das metrische System eingeführt – was bedauerlicherweise die Ära des Biermaßes „stoop" beendete, das 2,4250000001212 Litern entspricht. 1806 wurde der Staat unter Napoleons Bruder Louis Königreich, das 1810 annektiert wurde. Napoleons Niederlage brachte die Republik nicht zurück. Eine Clique einflussreicher Haager Männer installierte 1813 kurzerhand die Fürstenherrschaft mit den Oraniern als erbliche Monarchen. Das auf dem Wiener Kongress 1815 international anerkannte Königreich der Niederlande umfasste unter König Wilhelm I fünfzehn Jahre lang auch Belgien, das sich 1830 aber selbstständig machte.

Und die Oranier herrschen noch heute: im 19. Jahrhundert Männer. Sie heirateten regelmäßig Deutsche: Wilhelmina von Preußen (Willem I) und Sophie von Württemberg (Willem III). Seit 1890 haben die Frauen das Sagen. Den Anfang machte, als Regentin der noch minderjährigen Wilhelmina, Emma. Deren Gestalt ist in Deutschland bekannter als ihr Name. Ihr Porträt wurde Ende der 1980er Jahre von einem Berliner Verlag für eine Postkarte gebraucht, die den Schriftzug trug: „Ich sage euch, lebt euer Leben lustvoll und tollkühn!" Das staatliche Informationsamt in Den Haag, das sich in erster Linie mit Oranjalien befasst, fand das übrigens nicht so lustig und bat den Verlag, die Karte aus dem Verkehr zu ziehen. Nach Emma also gab es die weniger lustvoll und tollkühn regierenden Königinnen Wilhelmina, Juliana und Beatrix. Lange dürfte es nicht mehr dauern, bis wieder ein Mann regiert, der jetzige Prinz Willem-Alexander.

Der Siegeszug der Farbe Orange war nicht mehr aufzuhalten. Schon früh im 20. Jahrhundert entwickelte sich eine Souvenir-Industrie, die bei jeder sich bietenden Gelegenheit Memorabilia auf den Markt brachte: Teelöffel, Wimpel, Kacheln, Aufnäher und Blechdosen mit Fotoaufdruck und möglichst viel Orange erinnern an Geburten, Taufen, Hochzeiten und Jubiläen. Am Nationalfeiertag, dem „Königinnentag" am 30. April, ist das Land orange geschmückt. In den Fußballstadien und Eisschnelllauf-Arenen dominieren die orangen Fanblöcke. Es wird rot-weiß-blau mit schmalem orangen Flatterband geflaggt, wenn die Prinzen heiraten, wenn ein neues Prinzenkind geboren wird, wenn Thronjubiläen zu feiern sind. Was in der Praxis republikanisch funktioniert und besonders Deutschen erfreulich zivil und unprätentiös anmutet, kommt in der Verkleidung der Monarchie daher. Wenn die Regierung zu Beginn des parlamentarischen Jahres ihr Programm vorlegt (Sparen, Solidität, Werte und Normen), ist die Monarchin die Vorleserin, und sie erreicht den Haager Rittersaal, in dem die Generalstaaten sich aus diesem Anlass versammelt haben, in ihrer Goldenen Kutsche, bejubelt und begrüßt von Tausenden Untertanen.

Wenn ich einen meiner ernsten deutschen Freunde erschrecken will, brauche ich nur in einer politischen Diskussion beiläufig zu sagen: Natürlich bin für die Monarchie. Das deutsche Gegenüber stutzt, fragt nach, schüttelt den Kopf. Monarchie? Königshaus? Fahnen? Einheitsfarbe? Oranje-Vereine, deren Vorbereitungen auf die großen Momente länger dauern als die jedes Karnevalsvereins? Natürlich, in der niederländischen Variante ist das alles gut zu verkraften. Man kann vom niederländischen Königshaus nicht sagen, es habe die Zeichen der Zeit verschlafen. Mehr noch: Es hat sich immer wieder als politisch korrekt erwiesen. Schon vor Einführung des Frauenwahlrechts übernahmen Damen die Führung. Wieviele Länder wurden schon mehr als ein Jahrhundert lang von Frauen regiert, über ein halbes Jahrhundert, bevor Sirimavo Ratwatte Dias Bandaranaike die Weltbühne betrat?

Eine ziemliche Bandbreite abweichenden Verhaltens haben die Oranier demonstriert und damit die Kluft zum Volk überwunden. Wilhelminas Gemahl Prinz Hendrik hat sein Leben mit Hilfe diverser Damen lustvoll und tollkühn gestaltet, ohne dass die Monarchie oder die Gesellschaft dauerhaft Schaden nahmen. Königin Juliana, keineswegs eine glühende Verfechterin der Demokratie, stand in den 1950er Jahren unter politischem Einfluss der Gesundbeterin Greet Hofmans. Prinz Bernhard, der Gatte Königin Julianas, musste sich 1976 von den meisten seiner offiziellen Funktionen zurückziehen, als

Keksdose mit dem Abbild der Königin der Niederlande Beatrix. Sammlung Stoop [Foto: KA]

bekannt wurde, dass er Schmiergeldzahlungen des Rüstungskonzerns Lockheed angenommen hatte.

Manche Neuerung ließ zwar niederländische Traditionalisten seufzen, löste aber keine echte Krise der Monarchie aus: Die erste Hochzeit einer Oranierin mit einem Katholiken (Prinzessin Irene und Carlos von Bourbon, 1964) und die erste Heirat einer Oranierin mit einem Bürgerlichen (Prinzessin Margriet und Pieter van Vollenhoven, 1967) überstand das Königshaus. Deutsche Männer zu heiraten, war für die Königinnen im 20. Jahrhundert problematischer, als es die Wahl deutscher Partnerinnen durch die Könige im 19. Jahrhundert gewesen war. Die Vermählung von Prinzessin Juliana mit Bernhard zu Lippe-Biesterfeld (1937) war wegen dessen Mitgliedschaft in der Reiter-SS umstritten. Der Hochzeitstag Prinzessin Beatrix' im Jahr 1966 war turbulent; studentische Aktivisten warfen Rauchbomben und störten die Feierlichkeiten, weil er ein Deutscher war.

Kronprinz Willem-Alexander hat sich mal keine deutsche Partnerin ausgesucht. Nachdem seine Mutter ihm die Liaison mit einer bürgerlichen Niederländerin ausgeredet hatte, fand er Gefallen an einer Argentinierin. Das war auch nicht einfach, denn sie ist die Tochter eines Ministers aus der Zeit der argentinischen Junta-Herrschaft. Willem-Alexander bekam am Ende die benötigte parlamentarische Zustimmung und konnte Máxima Zorreguieta heiraten, die schon bald ins nationale Herz geschlossen wurde. Der designierte König Willem IV tat als Jugendlicher das, was auch andere junge Männer tun. Während des Studiums zog er gern um die Häuser, was ihm den Spitznamen Prinz Pils einbrachte. Gleichzeitig bewies er mit seiner erfolgreichen Teilnahme am winterlichen Elf-Städte-Lauf (etwa 200 Schlittschuhkilometer über friesisches Eis), dass er durchhalten kann. Während des Laufs blieb er unerkannt; gestartet war er unter dem Pseudonym W.A. van Buren.

Auch eine dokumentierte Berührung mit der Unterwelt einer Auserwählten erschien nicht als Heiratshindernis. Prinz Friso heiratete Mabel Wisse Smit, die Jahre zuvor ein paar Nächte mit einer später ermordeten Unterweltgröße verbracht hatte. Der Preis war allerdings der Verzicht auf eine mögliche Nachfolge auf dem Thron. Man sieht: Bei den Oranje-Fürsten handelt es sich um eine ganz normale Familie, der nur wenig Menschliches fremd ist. Auch Krankheiten nicht: Prinz Claus' schwere Depression wurde nicht vertuscht, sondern nüchtern öffentlich erörtert.

Auch die Modernisierung der Herrschaft ist zu beobachten. Königin Beatrix ist eine professionelle Politikerin. Wie ihre Vorgängerinnen ist sie nach der Verfassung Mitglied des Kabinetts. Aber sie ist In-

Erinnerungstasse zur Eheschließung von Kronprinz Willem-Alexander mit Máxima Zorreguieta, 2002 [Foto: KA]

tellektuelle und Profipolitikerin genug, ihre Funktion perfekt zu erfüllen. Sie verhält sich als Managerin der Niederlande AG, allerdings mit beschränkten Befugnissen. Sie hat Arbeit, Familie und Hobby; die Bildhauerei nimmt sie ebenso ernst wie die wöchentlichen Besprechungen mit dem Ministerpräsidenten.

Was die Symbole des Oranje-Staates angeht, kann man über Erstarrung und Rückwärtsgewandtheit nicht meckern. Die alte Nationalhymne des Königreichs fing an mit der Zeile „Wem Niederlands Blut in den Adern fließt, von Fremdem unbefleckt (...)". Verglichen mit diesem Credo der Blutreinheit ist der 1932 zur Hymne erhobene Song – ebenfalls ein Lied der Aufständischen im 16. Jahrhundert – ein wirklicher Fortschritt. „Wilhelm von Nassau, bin ich von deutschem Blut. Dem König von Spanien bin ich treu bis in den Tod" – so fängt bis heute die Hymne an: ein Schulbeispiel an multikultureller Ehrlichkeit. Und die Fahne ist das Rot-Weiß-Blau, bei festlichen Anlässen oder in Häusern überzeugter Orangisten mit dem Zusatzstreifen in Orange. Als die holländischen Nazis die orange-weiß-blaue Fahne aus der Zeit des antispanischen Kampfes in den 1930er Jahren wiederbelebten, gab es 1937 kurzerhand eine königliche Order: Verboten – und bis heute verpönt.

Und so ähnlich sehen es offenbar doch sehr viele Holländer, die die Oranier und die Monarchie erstmal als gegeben betrachten. Nicht aus Prinzip, sondern weil es in den Niederlanden so gewachsen ist. Was Verfassung und politische Struktur angeht, ist das Land ja ein Sonderfall: Es gab keinen voll ausgebildeten Feudalismus, keine absolute Monarchie, es gab keine wirkliche Revolution. Eine vollendete Republik war es aber genauso wenig wie ein freier Staaten-Bund. Es war – und ist bis heute – eine eigenwillige Mischform mit Elementen aus Demokratie, Oligarchie, Monarchie, Anarchie und Apathie. Der Essayist Henk Hofland hat in den 1980er Jahren die Niederlande mit dem Begriff der Bananenmonarchie charakterisiert. Die Kritik richtete sich dabei nicht gegen die Monarchie, sondern gegen die verrohende Zivilgesellschaft.

Angesichts der säkularisierten Zersplitterung der Gesellschaft, deren Volksparteien heute bestenfalls auf 20 Prozent der Stimmen kommen, eignen sich das Könighaus und Oranje bestens als relativ harmloses Medium der Einheit. Die Monarchie der Oranjes wird von der überwältigenden Mehrheit der Bevölkerung akzeptiert – in allen Abstufungen von tiefer, kindlicher Ehrfurcht bis zu entspannt-räsonierender Gleichgültigkeit. Der Historiker Henk te Velde beschreibt die chamäleonhaften Züge der Monarchie, der Staatsrechtler D. J. Elzinga

Modellfliegerweltmeisterschaften, 2005, Tour, Frankreich, Mannschaftsweltmeister Niederlande

[Foto: Otto Jacob, © RC-Network Modellsport e. V.]

die Eigenart der „neutralen Macht" (pouvoir neutre) der Monarchie. Beide Beschreibungen erklären, warum das Königshaus so umfassend Bestand haben kann: Sie ist schwer zu fassen, ihr Charakter hybrid.

In einer Phase, da das relative Gewicht der Niederlande in einem wachsenden Europa ebenso abnimmt wie die Souveränität der nationalen Regierung und der Volksvertretung, bietet sich das diffus-fröhliche Orange bestens als persönliche und kollektive Einkleidung an: Du bist Oranje. In Deutschland soll mit einer millionenschweren „Du-bist"-Kampagne künstlich erzeugt werden, was in Holland historisch gewachsen ist. Selbst wenn der niederländische Protestantismus seit jeher die Einheit von „Gott, Niederlande und Oranje" besonders inbrünstig beschworen hat und die anderen Konfessionen etwas mehr Distanz wahrten, hat sich das Orange weit über die ursprüngliche Calvinistenschar hinaus durchgesetzt. Das Land ist nun mal so eingekleidet. Oranje verleiht ein über Klassen, Parteien und Konfessionen reichendes Wir-Gefühl; Oranje ist so etwas wie die Raufaser der Volksseele. Die Einfärbung schreitet fort. Die niederländische Post hat Anfang 2006 begonnen, die roten Briefkästen im ganzen Land abzumontieren und durch orangene zu ersetzen. Bis 2010 sollen alle niederländischen Briefkästen orange sein.

Da das Orange nicht mit einer Partei, kaum noch mit einer Konfession, nicht mit weltpolitischen Ambitionen verbunden ist, kann es als Zeichen der Nation herhalten. Der niederländische Nationalismus ist heutzutage milde und in der Regel nicht aggressiv. Der unangenehmste Zug ist noch die Arroganz des Besserwissenden und Bessertuenden, aber sogar dieser Zug hat sich durch die Säkularisierung vermindert: Gott-Niederlande-Oranje hat keine so starke Wirkkraft mehr.

Anti-Oranje

Natürlich gibt es sie: Oranje-Gegner. Es sind sich selber ernstnehmende Intellektuelle, liberale Funktionäre und einsam-heroische Kommunisten, die bei Kommunalwahlen in manch nördlichem Dorf immer noch ein paar hundert Stimmen erkämpfen. Alle Jahre wieder wagt ein wahnsinnig mutiger Journalist oder Politiker einen Vorstoß zur Abschaffung der Monarchie. Da wird demokratietheoretischer Rigorismus demonstriert und der Monarchin potentiell entscheidendes politisches Gewicht angedichtet. Etwa mit Blick auf ihr Recht, nach den Parlamentswahlen zur Zweiten Kammer einen Politiker mit der Regierungsbildung zu beauftragen („formateur"). Inzwischen ernennt das Staatsoberhaupt vor diesem Regierungsbildungsbeauftragten sogar noch einen Regierungsbildungsauftragsberichterstatter („informateur"). Aber was bedeutet das schon in einem Land, in dem die Regierungsbildung schon mal ein gutes halbes Jahr in Anspruch nehmen kann? Und in dem immer Koalitionen aus mehr als zwei Parteien gebildet werden müssen, die sich programmatisch inzwischen nur noch wenig unterscheiden? Angesichts des extrem geringen Restrisikos des Machtsmissbrauchs ist ein solches Königsprivileg wahrhaft ungefährlich. Ist eine Republik wirklich besser, in der ein enthemmter Wahlverlierer eigenmächtig zu bestimmen versucht, wer sich an die Regierungsbildung machen darf?

Geldverschwendung wird auch als Argument gegen die Oranje-Herrschaft benutzt. Aber so ein Königshaus ist gar nicht so teuer. Weniger als 90 Millionen Euro beträgt die Summe aller Kosten für das Königshaus. Das ist bescheiden, verglichen etwa mit den Mitteln, die der deutsche Steuerzahler für die parteinahen Stiftungen ausgibt. Allein die beiden Großen, die Friedrich-Ebert-Stiftung und die Konrad-Adenauer-Stiftung, erhalten aus öffentlichen Mitteln zusammen rund 200 Millionen Euro im Jahr.

Der Ruf nach Einführung der Republik wird auch als Bewahrung der armen Oranier vor einem faktischen Berufsverbot ausgegeben; die Armen seien ja praktisch gezwungen, Königshaus zu spielen. Berufe wie Elektromonteur und Parkplatzwächter seien ihnen damit versperrt. Ach – manche der Republikaner können genauso nerven wie Atheisten. So wie diese unablässig über Gott reden, befassen sich Republikaner obsessiv mit dem Königshaus.

Nein, die Republikaner werden keinen nennenswerten Einfluss haben; die immer mal wieder vorgestellten Verfassungsentwürfe für die Republik der Niederlande werden für den Papierkorb produziert. Das Königshaus ist so harmlos, dass auch Künstler und Intellektuelle sich damit anfreunden können. Die Schriftstellerin Renate Rubinstein verfasste 1985 ein Büchlein über Willem-Alexander anlässlich seines 18. Geburtstages. Und als ein Haager Galerist 60 Künstler aufforderte, ein Porträt der Königin zu produzieren, als Beatrix 60 wurde, beteiligte sich auch der nicht eben zart besaitete Herman Brood an dem Projekt.

Die Aussichten von Orange stehen auf Wachstum. Bei jedem internationalen Fußballturnier mit niederländischer Beteiligung werden die Massen im Stadion, zu Hause und in der Kneipe noch oranjer, noch irrer geschmückt. Inzwischen werden die Oranje-Horden im Ausland freudig begrüßt. Deutsche Sportreporter geraten ins Schwärmen, wenn sie die Oranje-Blöcke sehen, die gut gelaunt die eigene Mannschaft anfeuern, und beim Eisschnelllauf auch schon mal Läufer anderer Nationen. Oranje hat sich verselbständigt, über das Königshaus hinaus. Wenn die Tendenz anhält, Nationalmannschaften von Niederländern trainieren zu lassen (bei der WM 2006 sind es schon vier Teams), wird die Fußball-WM irgendwann zu einer Oranje-internen Übung.

Und da muss dann auch mal eingeschritten werden, wenn die oranje Laune so gut wird, dass befreundete Nationen beleidigt sein könnten. So wie Vorsicht bei Witzen über das Königshaus geboten ist, darf das Oranje nach außen nicht aggressiv wirken oder als beleidigend aufgefasst werden können. So hat eine Firma für die Fußball-WM 2006 in Deutschland einen leichten Plastikhelm auf den Markt gebracht. Die Form ist dem deutschen Stahlhelm nachempfunden, die Farbe ist orange. Neben einer kleinen rot-weiß-blauen Fahne sind Sprüche zu lesen wie: „Aaanvallllluuuuh!" (deutsch: „Attackkkkkääääääh") oder, im typisch holländischen Halbdeutsch: „Jetzt geht losss". Der Königlich Niederländische Fußballbund fand diese Art Humor nicht witzig und verbannte während der Freundschaftsspiele vor der WM das „Helmchen" in den Stadien. Bei solchen Späßen gilt eben, wie bei Monarchie, Alkohol und Gummibärchen: Es kommt auf die Dosis an.

„Je maintiendrai" lautet der Wappenspruch der Oranien-Nassauer – ich werde standhalten. Werden sie? Mancher Orangist spricht voller Sorge über die Gefahren der Säkularisierung, Multikulturalisierung, Europäisierung. Aber angesichts der Oranje-Folklorisierung brauchen sie sich wohl keine Sorgen zu machen: Oranje wird Bestand haben – zum läppischen Preis einer irgendwann nur noch 63prozentigen Zustimmungsrate statt der heutigen von 80 Prozent, und weitgehend von den alten Werten und Normen der calvinistischen Kultur losgelöst. Denn Oranje hat sich als außergewöhnlich wandlungs- und anpassungsfähig erwiesen.

Adjiedj Bakas hat seine eigene Theorie von den Niederlanden in der Mitte des 21. Jahrhunderts. Der niederländische Trendforscher surinamisch-indischer Herkunft dokumentiert am Ende seines Szenarios für die Niederlande im Jahr 2050 die Silvesteransprache von Königin Amalia I, der ältesten Tochter des heutigen Kronpinzen Willem-Alexander und designierten Königs Willem IV. Amalia spricht die Bürger von „Eurabia" an, wünscht ihnen Allahs Segen und blickt zurück auf die Entwicklungen der vergangenen Jahrzehnte. Die Niederlande sind Teil der Union „Eurabia", zu dem auch das Mahgreb, der Nahe und Mittlere Osten gehören. Weihnachten ist schon lange abgeschafft worden, unter dem ersten Regierungschef, der zum Islam übergetreten ist, dem Sozialdemokraten Wouter Bos. Gefeiert wird jährlich der Tag, an dem Ayaan Hirsi Ali in die USA ausgewandert ist. Menschen leben in abgeschlossenen „gated communities", Höhepunkte der Spaßkultur sind die „Wet Burka"-Wettbewerbe. Königin Amalia blickt zurück auf den Schock, den ihr Übertritt zum Islam verursachte. Ihr protestantischer Vater Willem IV und die katholische Máxima leben in Buenos Aires. Amalias Sohn, Thronprinz Aziz, hat eine Afrikanerin geheiratet. Es stehen schwere Aufgaben bevor: Nachdem die Provinz Seeland den Fluten preisgegeben wurde, geht der Kampf gegen das Wasser weiter – mit Allahs Hilfe.

So könnte sie sprechen: Ihre Majestät Königin Amalia I, Prinzessin von Oranje-Nassau, Herzogin von Lippe-Biesterfeld, die noch über 40 weitere Titel tragen wird, wie Marquise von Vlissingen, Gräfin von Leerdam, Burggräfin von Antwerpen, Baronin von IJsselstein und Erb- und Freifrau von Ameland.

Orange Order mit Traditionsbanner und Polizeischutz [Foto: Derek Speirs]

Ralf Sotscheck

Orange ist Politik

Seinen Nachnamen will Ian nicht verraten. „Ich arbeite bei der Regierung", sagt er vage, „und wir Oranier sind in Nordirland zur Zeit nicht wohlgelitten. Nenn mich einfach Klinsmann." Ian ist 27, er ist noch ein „Junior Orangeman", das ist man bis 35. Er ist groß und dünn, seine braunen Haare lichten sich am Hinterkopf. Die breite Schärpe, die er trägt, ist orange, denn der Namensgeber des Oranier-Ordens, Wilhelm von Oranien[1], heißt auf englisch William of Orange.

An die Schärpe hat Ian eine kleine silberne Figur geheftet, die auf einem Pferd sitzt. King Billy, wie Wilhelm von seinen Anhängern liebevoll genannt wird, soll am 12. Juli 1690 auf einem Schimmel in die Schlacht am Boyne nördlich von Dublin geritten sein, in der er seinen katholischen Schwiegervater und Widersacher Jakob II. besiegte und die protestantische Thronfolge in England sicherte. „The Twelfth" ist der wichtigste Feiertag der nordirischen Protestanten. Sie begehen ihn mit Paraden, bei denen zahllose Kapellen mit riesigen Lambeg-Trommeln, die sich die Musikanten vor den Bauch geschnallt haben, mitmarschieren. Und alle tragen orange.

Die Farben orange und grün sind in Irland seit Jahrhunderten politisch besetzt. Die eine steht für die Protestanten, die britisch bleiben wollen, die andere für die irisch-nationalistischen Katholiken. Die Trikolore der Republik Irland ist grün-weiß-orange: Das Weiß in der Mitte soll den Frieden zwischen den Bevölkerungsgruppen symbolisieren.

Als sich eine private britische Telefongesellschaft Mitte der neunziger Jahre den Namen „Orange" gab, schien das unverfänglich. Erst als sie begann, auf den Werbeflächen in Nordirland ihre Plakate aufzuhängen, merkte sie, dass die Farbe dort eine politische Aussage ist. „Die Zukunft ist glänzend, die Zukunft ist orange", stand auf den Plakaten. Der protestantische Bevölkerungsteil stimmte dieser Aussage vorbehaltlos zu. Die Katholiken hingegen schworen, eher Rauchzeichen zu senden, als ein Telefon von „Orange", obwohl die Telefongesellschaft mit den Oraniern nichts zu tun hat.

Der Oranier-Orden wurde am 21. September 1795 nach der „Battle of the Diamond" gegründet, einem Scharmützel zwischen Katholiken und Protestanten in der nordirischen Kleinstadt Portadown, das die Protestanten gewannen: Kein einziger von ihnen wurde getötet, während rund 30 Katholiken ums Leben kamen. Danach bildeten die Protestanten einen Kreis, reichten sich die Hände und beschworen ihre Loyalität zur britischen Krone. So steht es jedenfalls in den Annalen des Ordens.

Der Orden ist von einfachen Leute gegründet worden. „Im 19. Jahrhundert übernahm der Landadel das Kommando, später waren Fabrikanten und Politiker tonangebend", schreibt der Schweizer Journalist Pit Wuhrer. „Die Logen – ihre Sitzungen beginnen immer mit Gebet und Bibelspruch – stärkten das Zusammengehörigkeitsgefühl; da saßen der Unternehmer neben dem Arbeiter, der Bürgermeister neben dem Knecht, der Arzt neben dem Handwerker. Und alle waren Brüder, eine Volksgemeinschaft, und halfen einander, auch mit Jobs." Mit Ausbruch des Nordirland-Konflikts und dem Niedergang der alten Industrie änderte sich dies, heute gehören dem Orden vor allem Arbeiter an.

Die erste Parade gab es 1796, am Jahrestag der Schlacht am Boyne. Der Orden wuchs danach schnell, heute hat er rund 80.000 Mitglieder. Auswanderer gründeten Zweigstellen in Großbritannien, den USA und Kanada, in Australien und Neuseeland und sogar in Westafrika. Die Ausrichtung ist streng anti-katholisch, und in Irland beinhaltete die Religion stets auch eine politische Komponente, seit die britische Krone nach der Eroberung Irlands der katholischen Urbevölkerung das beste Land wegnahm und es an protestantische Siedler gab. Die dankten es mit Loyalität und kämpften bei den Aufständen der Iren gegen die britische Besatzung stets auf Seiten der Kolonialmacht.

Erst nach dem Osteraufstand von 1916 wendete sich das Blatt. Zwar scheiterte die Rebellion kläglich, die Bevölkerung verspottete und bespuckte die Rebellen, doch weil der britische Befehlshaber die 15 Anführer hinrichten ließ, schwenkten die Sympathien um. Sinn Féin, der politische Flügel der Irisch-Republikanischen Armee (IRA), gewann die Wahlen 1918 mit deutlicher Mehrheit und rief die Republik aus. Das nahm die britische Regierung nicht hin. Es kam zum Unabhängigkeitskrieg, und 1921 musste Großbritannien einlenken: Irland wurde Freistaat, doch sechs Grafschaften im Nordosten blieben bei Großbritannien. Es war das größtmögliche Gebiet, in dem die Protestanten damals eine komfortable Mehrheit stellten.

Edward Carson, der erste Regierungschef des neu geschaffenen Nordirlands, wollte einen „protestantischen Staat für ein protestantisches Volk". Das künstliche Staatengebilde wurde Jahrzehnte lang von einer einzigen Partei, der Unionist Party, beherrscht, Katholiken waren Bürger zweiter Klasse. Der Oranier-Orden hielt mit seinem militanten Anti-Katholizismus die protestantische Bevölkerung bei der

Banner of Bressbrook Star of Hope [Abb.: The Grand Orange Lodge of Ireland]

Stange. Alle protestantischen Politiker und Wirtschaftsführer waren Mitglied im Orden. „Ich habe immer betont, dass ich zuallererst Oranier bin und erst in zweiter Linie Politiker und Parlamentsmitglied", sagte James Craig, der Premierminister, im Jahr 1934. Ein späterer Premier, James Chichester Clark, sagte 1969: „Ich bin stolz darauf, im Oranier-Orden zu sein, und die Kritiker des Ordens haben keine Ahnung."

Doch unter Chichester Clark begannen sich die Zeiten zu ändern. Auslöser war ausgerechnet eine Oranier-Parade. Damals, am 12. August 1969, wollten die Ordensbrüder an der katholischen Bogside in Derry, Nordirlands zweitgrößter Stadt, vorbeimarschieren, aber die Bewohner wussten dies zum ersten Mal zu verhindern: Die Straßenschlachten dauerten zwei Tage und zwei Nächte. Die Protestanten versuchten, ihre Vormachtstellung mit Gewalt zu verteidigen, der Konflikt eskalierte. Knapp 30 Jahre später, nach mehr als 3.000 Toten, wurde am Karfreitag 1998 das Belfaster Abkommen unterzeichnet, das eine Machtbeteiligung der Katholiken in Nordirland vorsieht. Doch friedlich ist es in Nordirland noch lange nicht. Zwar ruhen die Waffen beider Seiten, doch dort, wo katholische und protestantische Viertel aneinandergrenzen, kommt es nachts häufig zu Straßenschlachten.

Die Protestanten sehen ihre Felle davonschwimmen. In absehbarer Zeit werden sie in Nordirland eine Minderheit sein, weil der katholische Bevölkerungsteil stetig ansteigt. So sind die 3.000 Oranier-Paraden im Jahr längst keine Triumphzüge mehr. Es ist die Angst vor weiteren Veränderungen, die sie so hartnäckig an der traditionellen Streckenführung ihrer Paraden festhalten lässt, auch wenn sie durch katholische Wohnviertel führen, weil sich die Demographie nordirischer Städte aufgrund des Konflikts verändert hat. Die Protestanten fühlen sich belagert: Sie sind eine Mehrheit mit der Mentalität einer Minderheit.

„Der Orden", sagt Ian, stellvertretender Großmeister der Oranier-Loge Nummer 491 aus Ballymena, „ist gegen Gewalt, aber er kann manchmal die Jugendlichen nicht kontrollieren." Ian trägt ein kariertes Hemd und Jeans, keinen schwarzen Anzug wie die älteren Oranier, und erst recht nicht den traditionellen Bowler-Hut aus Kaninchenfell. Sein Vater, sein Großvater und auch sein Urgroßvater waren in der Loge. Ian trat mit 18 ein. „Es ist Ausdruck meiner persönlichen Ansicht über religiöse und politische Angelegenheiten", sagt er, und es klingt, als ob er es aus dem „Kleinen Katechismus für junge Oranier" abgelesen hat, einem kleinen dunkelroten Heft mit Antworten für die meisten Lebenslagen.

„Mit fünf oder sechs wissen die meisten Kinder, welche Fahne, welche Parade, welches Fußball-Trikot (Celtic oder Rangers) der eigenen Seite zuzuordnen ist", schreibt der Journalist Peter Nonnenmacher. „Im selben Zeitraum formen sich die ersten Vor- und Werturteile über die andere Seite – vor allem in den Arbeiterbezirken beider Lager." Auf die Frage, was sie über Katholiken wüssten, gaben sechsjährige Protestanten beispielsweise zur Antwort: „Das sind Räuber" oder „Katholiken sind maskierte Männer, die Scheiben einschlagen". Katholiken seien „anders als normale Menschen, weil sie schlechter sind", formulierte es ein Junge. „Die Polizei ist hinter ihnen her."

Ians Freund Gary Greer ist wie Ian 27, beide waren noch nicht geboren, als der Nordirland-Konflikt Ende der sechziger Jahre ausbrach. Auch Gary hat einige Anstecknadeln an seiner orangenen Schärpe befestigt: eine Krone als „Ausdruck meiner Loyalität zum Königshaus", ein aufgeschlagenes Buch „als Symbol für die Heilige Schrift" und eine Medaille mit der Gravur: „Die Belagerung von Drumcree 1995".

Drumcree ist eine kleine protestantische Kirche am Stadtrand von Portadown. Am ersten Sonntag im Juli marschieren die Oranier zu dieser Kirche, um der Nordiren zu gedenken, die als britische Soldaten in der Schlacht an der Somme gefallen sind. Nach dem Gottesdienst laufen die Oranier zurück in die Innenstadt, doch der Weg führt über die katholische Garvaghy Road. 1995 war die Parade deshalb verboten worden, aber die Oranier hatten sich einen Bagger besorgt, um die Barrikaden aus dem Weg zu räumen. In letzter Minute lenkten die Anwohnern der Garvaghy Road ein, die Oranier durften schweigend, ohne Musik, durch das katholische Viertel laufen. Kaum waren sie am Ende der Straße angekommen, brachen sie in Triumphgeheul und Freudentänze aus. Das hat man auf der Garvaghy Road nicht vergessen. Seitdem ist die Straße für die Oranier gesperrt – und seitdem protestieren die Oranier vehement.

Ausgerechnet in Portadown sollen sie nicht marschieren dürfen? Drei Kilometer nördlich von Drumcree wurde der Orden gegründet, in der Bücherei von Portadown befindet sich das Heiligtum der Oranier: die bestickte Satteldecke, auf der Wilhelm von Oranien in die Schlacht am Boyne geritten sein soll. Die Parade finde seit 1807 statt, argumentieren die Oranier. Damals war die Garvaghy Road freilich nur eine Wiese, katholische Anwohner gab es nicht. Doch schon 1835 kam es zu ersten Zwischenfällen. Hugh Donnelly, ein Katholik, kam bei Konfrontationen mit den Oraniern ums Leben. Im Untersuchungsbericht der Ereignisse vermerkte der damalige protestantische Magistrat William Hancock: „Seit geraumer Zeit werden die friedli-

Orange Order marschiert [Foto: Derek Speirs]

chen Bewohner der Gemeinde Drumcree durch größere Gruppen von Oraniern beleidigt, die auf den Straßen paradieren und laute Lieder spielen, Schüsse abfeuern und die schmähendsten Ausdrücke benutzen, die ihnen einfallen."

Viel hat sich seitdem nicht geändert. Drei katholische Kinder kamen 1998 bei den Auseinandersetzungen um die Parade ums Leben, als ihr Haus in Brand gesteckt wurde. Zwei katholische Geschäfte wurden ausgebombt. Der Polizist Frankie O'Reilly wurde durch eine Granate getötet. Die Polizisten, fast ausschließlich Protestanten, stehen zwischen den Fronten. Sie müssen den Marsch ihrer Glaubensbrüder verhindern und machen sich damit zu Angriffszielen. Viele haben sich maskiert, damit sie von ihren Nachbarn nicht erkannt werden. Dabei sind die Anwohner der Garvaghy Road nicht unbedingt gegen die Parade, aber sie verlangen, dass der Orden mit ihnen darüber redet. Gespräche lehnen die Oranier jedoch ab.

Warum ein 400 Meter langes Stück einer ausgesprochen hässlichen Straße zu einer solchen Symbolkraft gelangt ist, dass dort der gesamte nordirische Friedensprozess in Gefahr geraten kann, verstehen Außenstehende nur schwer. Drumcree ist zum Symbol geworden, weil die Protestanten fürchten, dass sie von Kompromissen überrollt werden, wenn sie in einer Prinzipienfrage wie Drumcree nachgeben.

„Die Parade ist völlig unwichtig", sagt auch Gary Greer, „es geht hier ums Prinzip. Kompromiss? Wir haben bisher immer nachgegeben, bekommen haben wir nichts. Es gab Zeiten, da fanden in Portadown zehn Paraden im Jahr statt. Davon ist uns nur noch diese eine geblieben." Und die müsse man durch die Garvaghy Road passieren lassen. „Andernfalls verliert der Orden an Respekt und Einfluss, und dann kracht es", meint Greer. „Viele würden glauben, dass man mit Gewalt mehr erreichen kann als mit den friedlichen Mitteln des Ordens – besonders die Jugendlichen ohne Ausbildung, ohne Job und ohne Selbstwertgefühl. Sie benutzen Gelegenheiten wie Drumcree, um Ärger zu machen."

Gary ist ein gemütlicher, untersetzter junger Mann. Er ist im Orden, seit er 18 ist, genau wie der Vater und der Großvater. Greer ist Lehrer an einem Gymnasium auf dem Land: „Es ist eine gemischte Schule, vierzig Prozent sind Katholiken. Natürlich gibt es Spannungen, vor allem im Sommer während der Marschsaison. Aber wir sind sehr vorsichtig, die Gegend ist überwiegend katholisch, an den Laternen wehen irische Trikoloren, die Kinder spielen gälischen Fußball oder Hurling."

Garys Familie hatte früher in einer gemischten Siedlung gewohnt, sein Vater war Gemeindearbeiter und hat Discos und Sportveranstaltungen für die Kinder organisiert. „Dann zogen immer mehr Katholiken ein, und bald gab man uns mit Wandschmierereien zu verstehen, dass wir nicht mehr erwünscht waren. Wir zogen weg. Vielleicht gäbe es keine Gewalt mehr, wenn alle Leute Jobs hätten. Auf katholischer Seite gibt es viel Armut und miserable Wohnbedingungen, aber auf protestantischer Seite ist das nicht anders."

Waren Ian und Gary selbst mal an einem Punkt, wo sie zur Waffe greifen wollten? „Die Gewalt auf beiden Seiten hängt stark mit den ökonomischen Verhältnissen zusammen, der Konflikt spielt sich vor allem in den Vierteln mit hoher Arbeitslosigkeit ab", sagt Ian. „Ich hatte Glück. Ich komme zwar aus einem Arbeiterviertel, aber mein Vater hatte stets einen Job."

Gary fühlt sich von den Politikern im Stich gelassen: „Mit ihrer Politik schreiben sie die religiöse Trennung bis auf alle Ewigkeit fort. Es gibt keine linken oder rechten Parteien, sondern nur katholische oder protestantische. Vielleicht müssen wir zuerst die Klassenpolitik wiederentdecken, bevor wir unseren Konflikt lösen."

Die von der Garvaghy Road seien Extremisten, findet Greer. „Ich habe kein Problem mit normalen Katholiken." Aber ist der Hass auf Katholiken nicht die Klammer, die die Mitglieder des Ordens trotz verschiedener politischer Richtungen verbindet, und wird man nicht ausgeschlossen, wenn man eine katholische Kirche besucht oder gar eine Katholikin heiratet? „Es gibt bestimmte Einschränkungen bei den persönlichen Beziehungen", gibt Ian zu, „aber der Orden fördert die Freundschaft mit Katholiken."

---

1   Wilhelm III. von Oranien-Nassau (14. Nov. 1650 – 19. März 1702), Statthalter der Niederlande, König von England, Schottland und Irland.

Kiew, Maidan, 28.11.2004 [Foto: Archiv Tichomirowa]

Katja Tichomirowa

Zeit Orange
Die Ukrainische Revolution 2004

„Dieses süße Wort ‚Orange'" titelte die ukrainische Wochenzeitung „Zerkalo Nedeli" im Dezember 2004. Das Gelingen des Aufstandes, der „Orangenen Revolution", in Kiew ist gerade ein paar Tage alt und Zerkalo Nedeli (Spiegel der Woche), das Pendant zur deutschen „Zeit", fragt den ukrainischen Künstler und Wissenschaftler Stefan-Arpad Madjar, was es mit der Farbe Orange auf sich habe.

Orange stehe für „maximale Aktivität", antwortet Madjar, der am Polytechnischen Institut in Budapest über „Farbdynamik" promoviert und gerät ins Schwärmen: Orange sei „energiegeladen, dynamisch, schöpferisch, demonstrativ, mitteilsam, offen, anregend, fröhlich, stürmisch." Die Farbe symbolisiere angenehme Wärme, stehe für Glück, Frische, Tanz und Gesang. Der Eindruck, den Orange erwecke, sei Anregung zur Aktivität. Orange, sagt Madjar, stehe für Selbstvertrauen.

Kurz: Die Farbwahl der ukrainischen Revolutionäre fiel nicht zufällig, sondern geradezu zwangsläufig auf Orange. Orange stehe im Zentrum des sichtbaren Farbenspektrums, erläutert Madjar, und übernehme hier quasi die Aufgabe eines Brückenkopfes für Kreativität und Entwicklung, für die Steigerung menschlicher Aktivität, für eine Hinführung zum Guten. Designer wählten Orange als hervorstechendste, als kontrastierende Farbe. In dieser Absicht könnten sie gar keine andere Farbe wählen, schließt Madjar sein leidenschaftliches Plädoyer.

Als Farbberater für Revolutionäre hätte sich Madjar für Orange entschieden. Und er ist nicht der Erste, der die revolutionäre Eigenschaft des „Rotgelben" entdeckte. „Ein kleiner Blick ins Rote gibt dem Gelben gleich ein ander Ansehn", heißt es in Goethes Farbenlehre. „Wenn der Engländer und Deutsche sich noch an blassgelben hellen Lederfarben genügen lassen, so liebt der Franzose (…) das ins Rot gesteigerte Gelb, wie ihn überhaupt an Farben alles freut, was sich auf der aktiven Seite befindet." Wem Goethes Sympathie gilt, ist deutlich. Die Lust am Widerstand hält er für keine genuin deutsche Tugend.

Das ukrainische Selbstbewusstsein dagegen hat Tradition. Die Saparoscher Kosaken beispielsweise, die im 17. Jahrhundert in freien Bauernschaften am Unterlauf des Dnjepr lebten, nötigten in ihrer Unerschrockenheit auch russischen Literaten und Malern Respekt ab. In wechselnden Bündnissen dienten sie sowohl Polen als auch Russland, verstanden es jedoch, sich ihre Unabhängigkeit zu bewahren, bis Katharina die Große der Autonomie ein Ende setzte. 1676 besiegten die Saparoscher Kosaken das angreifende türkische Heer. Der türkische Sultan verlangte von ihnen gleichwohl, sich seiner Herrschaft zu unterwerfen. Die Kosaken antworteten in einem Brief:

„Du türkischer Teufel, Bruder und Spießgeselle des Teufels und Luzifers Sekretär, sei gegrüßt! ... Was der Teufel scheißt, das frisst du samt deinen Scharen, und schwerlich wird es dir glücken, Christensöhne in deine Gewalt zu bekommen ... Du babylonischer Ziegendieb, ägyptischer Schweinehirt, größter Trottel der Ober- und Unterwelt... Schweineschnauze, Stutenarsch, Metzgerhund ... und du kannst uns lecken, du weißt schon, wo!"

Der russische Maler Ilja Repin widmete diesem Sujet eines seiner bekanntesten Bilder: „Die Saparoscher Kosaken schreiben dem Sultan einen Spottbrief". Ein Bild, in dem die Farbe Orange eine tragende Rolle spielt. Der Hetman, Anführer der Kosaken, steht am Kopfende des Tisches und hat eine unbändige Freude daran, den türkischen Sultan zu verhöhnen. Über seinen prachtvollen Bauch spannt sich ein orangefarbenes Gewand. Die Farbe findet sich in den Kleidungsstücken seiner Anhänger wieder, die im weiten Kreis um den Tisch herum stehen.

Der Russe, Ilja Repin, ein Bewunderer der Saparoscher Kosaken, erklärte: „... Alles, was (Nikolaj) Gogol über sie geschrieben hat, ist wahr! Ein Teufelsvolk! Niemand auf der ganzen Welt hat so tief die Freiheit, Gleichheit und Brüderlichkeit gefühlt." Die Begeisterung des Russen Repin für das Teufelsvolk am Dnjepr wird noch befeuert von der Lage im eigenen Land. Als der russische Zar 1861 die Leibeigenschaft aufhob, verloren die russischen Gutsbesitzer zwar das Recht, ihre Leibeigenen zu verkaufen. Für ihre Freiheit allerdings mussten die Bauern Ablösegeld zahlen. Viele verschuldeten sich bis zum Ruin. An seinem monumentalen Gemälde der Saparoscher Kosaken arbeitete Repin über zehn Jahre. Es ist eine Hommage an die Freiheit, in Orange.

Die „Orangene Revolution" hat eine lange Vorgeschichte. Freiheitsbewegungen, Aufstände gegen die Fremdherrschaft von Polen, Türken, Russen und Deutschen gab es zuhauf in der ukrainischen Geschichte. Auch der wochenlange Protest gegen den offensichtlichen Wahlbetrug der Regierungspartei bei der Präsidentenwahl im Herbst 2004 war genau genommen eine erfolgreiche Fortsetzung vorangegangener Demonstrationen. Schon im Februar 2001 waren Tausen-

Ilja Repin, Die Saparoscher Kosaken schreiben dem türkischen Sultan einen Brief, 1880–1891, 2,03 × 2,58 m, Russisches Museum St. Petersburg

Juschtschenko-Anhänger drapieren im November 2004 Orange um die Statue des ersten ukrainischen Präsidenten Gruschevski [Foto: Evgen Kraws, afp]

„Juschtschenko" ruft ein Mitglied der oppositionellen Jugendorganisation Pora im November 2004 in Kiew
[Foto: Sergey Supinski, afp]

de Kiewer auf die Straße gegangen und hatten ein Ende des Kutschma-Regimes gefordert. Auslöser der Proteste 2001 war eine Staatsaffäre um die vermutliche Beteiligung des ukrainischen Präsidenten an der Entführung und Ermordung des Journalisten Georgi Gongadse. "Kutschma He!" war der Schlachtruf der Demonstranten. "Kutschma, verschwinde!" Weitere Erkennungszeichen gab es nicht. Keine orangefarbenen Fahnen oder Schleifchen. Der damalige Protest fand kein ausreichendes Echo in der Bevölkerung. Die kritische Masse war nicht erreicht worden. Noch nicht.

Das gelang erst im November 2004. Die Farbe Orange hatte keinen unbedeutenden Anteil an diesem Erfolg. Nach und nach wurde Kiew in ein leuchtendes, wogendes Orange getaucht. Wer nicht auf dem Maidan, dem Platz der Unabhängigkeit, die Fahnen der Opposition schwang, machte seine Zustimmung deutlich, indem er orangefarbene Armbinden, Schals, T-Shirts, Pullover oder Mützen trug, ja selbst Haarbänder waren eine politische Aussage: "Juschtschenko – Tak!" Juschtschenko – Ja! Ich bin für Juschtschenko. Dieses überall sichtbare Erkennungszeichen führte die Menge der Unzufriedenen zur Masse derer zusammen, die schließlich den Umsturz forderten.

Dass jeder leise vor sich hin murrende Ladenbesitzer in Kiew an den orangefarbene Bändern, mit denen die Autos vor seinem Schaufenster geschmückt waren, erkennen konnte, dass sich vor seinen Augen Ungeheures abspielte – das war die Dynamik der Ereignisse. Die latent Unzufriedenen wurden gewahr, dass sie in der Mehrheit waren. Schließlich dekortierten die Ladenbesitzer ihre Auslagen mit orangefarbenen Schleifchen, bevor sie ihre Geschäfte endgültig schlossen und sich auf den Maidan begaben. Am Ende waren es Hunderttausende, die Juschtschenko ins Präsidentenamt verhalfen. Doch nicht um seinetwillen. Die "Orangene Revolution" war ein Moment. Der Moment, in dem die kritische Masse erreicht war. Was sich auf dem Maidan organisierte, war eine Bürgergesellschaft. Die überwiegende Mehrheit stand dort, um sich das Recht auf Mitbestimmung zu erkämpfen oder wie es einer der Zeltplatzbewohner damals formulierte: Ich kämpfe für das Recht, Juschtschenko wieder abwählen zu können.

Woher die abertausenden orangefarbenen Fahnen und Schleifchen stammten, mit denen sich Kiew in jenen Tagen schmückte, war eine Frage, die den politischen Gegner, die Partei des vermeintlichen Wahlsiegers Wiktor Janukowitsch, beschäftigte. Die Revolutionsartikel stammten aus dem feindlichen Ausland, der Umsturz sei von langer Hand geplant und mit Mitteln amerikanischer und europäischer Stiftungen und Organisationen vorbereitet worden, lautete der Vorwurf der Janukowitsch-Anhänger.

Den Juschtschenko-Anhängern war das schnuppe. Sie trugen ihre orangefarbenen Fahnen fraglos, stolz und selbstbewusst. Die Opposition, die sie vertraten, mag vorbereitet gewesen sein auf diesen Protest. Finanzielle Unterstützung und Logistik mochten importiert worden sein, die Revolution war es nicht.

Dass der Widerstand der Kiewer Unterstützung im Ausland fand, trübte die Stimmung der Demonstranten nicht. Im Gegenteil. Die Bereitstellung von Plakaten und Fahnen, der Druck von Flugblättern, die Organisation des Zeltlagers auf dem Kiewer Kreschatik, die Verpflegung der Demonstranten – die ukrainische Opposition wäre allein nicht imstande gewesen, das zu leisten. Finanzielle Hilfe und Unterstützung kamen von den Stiftungen des amerikanischen Multimilliardärs George Soros und Freedom-House. Auch europäische Institutionen waren beteiligt.

Die Freedom-House-Spezialisten trugen auch mit ihrem Wissen über PR-Strategien, Fernsehspots und Kampagnen zum Gelingen des Aufstandes bei. Das Buch des amerikanischen Professors und Cheftheoretikers gewaltfreier Revolutionen Gene Sharp „From Dictatorship to Democracy" war schon lange vor den Demonstrationen im Umlauf. Es beschreibt 198 Methoden des gewaltfreien Aktionismus.

Ob auch die Revolutionsfarbe Orange eine Idee von Freedom-House war, ist nicht überliefert. Was Europäer und Amerikaner an organisatorischer Unterstützung leisten konnten, war nicht mehr als Hilfe zur Selbsthilfe. Die Kiewer waren überdies erfinderisch genug. Sie machten sich zunutze, was ihnen brauchbar erschien, um den politischen Gegner zu desavouieren. Dass Orange nicht nur zu sehen, sondern auch zu hören war, ging wohl nicht auf eine Idee amerikanischer PR-Strategen zurück.

Ausgerechnet ein russischer Schlager aus den 60er Jahren nämlich war der Hit der Saison: „Orangewye Nebo". „Der orangefarbene Himmel" lautete der Titel des Liedes, in dem ein kleines Mädchen singend von ihrer Lieblingsfarbe schwärmt: orange. Sie malt und greift immer wieder zu einer Farbe. Die Mutter, die Freunde, das Gras, ein Kamel und schließlich der Himmel – alles wird orange. Ein sauertöpfischer Onkel belehrt sie, dass diese Farbgebung nicht der Realität entspricht. Doch sie lässt sich nicht beirren. In der letzten Strophe wird die inzwischen erwachsene Frau noch immer darauf bestehen, ihren Himmel orange zu färben.

Der Schlager lief in den Tagen der Revolution jeden Abend als Hintergrundmusik zu den Bildern vom Maidan im Kanal 5, jenem ukrainischen Fernsehkanal, der als erster auf die Linie der Opposition einschwenkte: Orange, orange, orange. Die Bilder. Das Lied. Für die

Revolutionsdevotionalien. Das ukrainische Orange des Juschtschenko auf Halstüchern und Tassen. Sammlung Stäglin [Foto: N. N. Pušija]

ebenfalls am Geschehen beteiligten russischen „Polittechnologen", die zur Unterstützung des Regierungskandidaten Wiktor Janukowitsch angereist waren, muss diese Darbietung eine ungeheure Provokation bedeutet haben.

Sie hatten nicht nur auf den falschen Kandidaten, sondern auch auf die falsche Farbe gesetzt. Blau, die Farbe der Partei von Wiktor Janukowitsch, sagt Stefan-Arpad Madjar, ist die allesbeherrschende Farbe des Landes. Jede ukrainische Hütte, jedes Haus, jedes Garagentor ist blau gestrichen. Blau ist die ukrainische Farbe schlechthin. Sie drängt sich jedem jederzeit auf. Damit sei sie, so Madjar, auch die Farbe des Status quo. Blau, eigentlich eine kühle Farbe der Ruhe, Zufriedenheit und Selbstgenügsamkeit, geriet in Konkurrenz zu Orange zum Symbol des Stillstands der Verhältnisse, der inneren Unzufriedenheit.

Nach den Gesetzen der Farbdynamik, erläutert Madjar, ist dem dynamischen Orange das kühle Blau als Komplementärfarbe zugeordnet. Es sei die Ironie der Geschichte des ukrainischen Aufstandes, so Madjar, dass nur Blau Orange „harmonisieren" könne. Beide Farben seien wie Ying und Yang, ein aufeinander angewiesenes harmonisches Ganzes.

Wer die politischen Verhältnisse in der Ukraine heute, mehr als ein Jahr nach der „Orangenen Revolution" betrachtet, sollte meinen, die Politikberater täten gut daran, sich mit den Gesetzen der Farbdynamik vertraut zu machen. Die ukrainische Parlamentswahl im März diesen Jahres jedenfalls führte Blau und Orange in genau jene Pattsituation, die Madjars Gesetzmäßigkeit der Komplementärfarben beschreibt. Die Partei des jetzigen Präsidenten Juschtschenko „Unsere Ukraine" ist, will sie ihre Reformen weiter vorantreiben, auf die Partei der Regionen des politischen Gegners Wiktor Janukowitsch angewiesen.

Die Geschichte der Orangenen Revolution hält indes noch eine kleine ironische Wendung bereit: Meinen die Ukrainer orange, sagen sie „pomarancevyj". „Orangevyj" ist russisch. Die Frucht des Aufstandes war mithin nicht süß wie die Orange (citrus sinensis), sondern bittersüß wie die Pomeranze (citrus aurantium), die Bitterorange.

Brigitte Glenk
Christian Hansen

Vom Sperrmüll ins Museum

Der Hall des Türgongs war gerade erst verklungen, der junge Mann, ein professionell Kulturschaffender, wie sich später herausstellte, ließ seinen wachen Blick über die Objekte streichen, und dann kam er, dieser erste Satz, spontan und einfach zugleich: „Ah, vom Sperrmüll in die Keithstrasse!"

Danach folgte eine nicht unbeträchtliche Pause, ein Stillhalten des Blicks und der Gedanken und dann, die erste Verblüffung war überwunden, eine lange intensive Auseinandersetzung mit den dargebotenen Möbeln.

Wir haben Ähnliches oft erlebt, insofern ist die geschilderte Situation wahrhaft exemplarisch. Die Wahrscheinlichkeit, dass eine derartige Reaktion, moduliert über alle Bandbreiten der individuellen Ausdrucksmöglichkeiten, entsteht – und hier lässt sich eine ziemlich präzise Demarkationslinie ziehen –, ist bei Besuchern über 45 Jahren fast einhundert, bei Besuchern bis 30 Jahren annähernd null Prozent.

Um es hier für die „Jungen" nun auch verständlich zu machen, die Keithstraße in Schöneberg gilt gemeinhin unter Kennern als traditioneller Ort für gehobene Antiquitätengeschäfte. Man erwartet hier im Allgemeinen eine Barockkommode oder einen guten Satz Biedermeierstühle, auf alle Fälle etwas, was vom Prinzip her auch in einem Museum stehen könnte, nur dass man es in einem Museum eben nicht auch käuflich erwerben kann.

Aber ein orangefarbener Panton-Stuhl, wie kommt der in die Keithstraße? Das Ding hatte man doch zu Hause, so kurz nach der Einschulung, oder man kannte zumindest einen, der einen Panton zu Hause hatte. Das war doch einfach ein Stuhl, vielleicht ein ungewöhnlicher Stuhl, jedenfalls ungewöhnlicher als viele andere, aber letztendlich ein Stuhl. Der wurde dann „oll", und dann war er weg, es kamen eben neue Stühle. Und nun taucht er wieder auf, in der Keithstraße, und nicht nur da: das Kunstgewerbemuseum am Matthäikirchplatz bietet in einer festen Ausstellung im Untergeschoss einen wahrhaft fulminanten Überblick über die Möbel der Zeit von 1945 bis in die 90er Jahre. Viel ist da zu sehen: Eames, Nelson, Panton, Saarinen, Colombo, Colani, Rams, Bertoia, Sottsass, Eiermann, Peter Ghyczy, Alvar Aalto, um nur einige zu nennen.

Auch die Werbung ist Wiedergeburtsstätte: Zahlreiche Werbefilme strotzen nur so vor Sixties- und Seventies-Interieur. Man schaue nur mal genau hin!

Und dann die Möbelhäuser und -kataloge: Eine gewaltige Welle RETRO (so schnell und präzise ist diese „Welle" gelabelt worden) steigt wie eine Sturmflut im „modernen" Wohnambiente auf immer neue Höchstpegel.

Was für jüngere Konsumenten „stylisch" und Ausdruck „modernster" Lebensart ist, ist für die Älteren eine Wiederholung, in vielen Fällen verbunden mit Assoziationen an eine glückliche, heile und beschützte Kindheit. Kann es in einer wilden und unruhigen Welt nicht wunderbar beruhigend sein, sich einen Original-Kokon aus einer glücklichen Kindheit neu zu erschaffen?

Aluminium Group, EA 116, Entwurf: Charles u. Ray Eames, 1958, Hersteller: Vitra, Basel, Glenk und Hansen
[Foto: N. N. Pušija]

Es mag eine Novität sein, dass eine abgeschlossene Epoche des Kunsthandwerks bzw. Kunstgewerbes, und als solche werden die Originale der Retrowelle eindeutig nicht nur in die Kunstgeschichte eingehen, sondern auch in die Museen und Kunstsammlungen dieser Welt, schon zu älteren Lebzeiten der jüngeren Kinder dieser Epoche wiederentdeckt wird.

Erzeugnisse des späten Barock fanden in den Fachzeitungen des Kunsthandels aus dem späten 19. Jahrhundert (also immerhin gut einhundertdreißig Jahre nach „Entstehung") keinerlei Beachtung, man beschäftigte sich mit Gotik oder Renaissance. Erzeugnisse des Biedermeier (dogmatisch: 1815–1848) hatten zwar ungefähr achtzig Jahre später noch einmal eine so genannte „zweite Zeit" der Wiederholung, insbesondere in Skandinavien, wurden jedoch auch als Original noch in den frühen 1950er Jahren in den Restaurationswerkstätten zum Beheizen der Öfen zersägt und verfeuert, man restaurierte inzwischen liebevoll die Barockkommoden. Jugendstil galt als monströser Kitsch, erst Ende der 1960er Jahre, also mit 70 Jahren Zeitverzögerung, wurde er als eigenständige wichtige und sammelwürdige Kunstrichtung „entdeckt". Für den „absurden" Preis von ca. 15.000,– DM konnte man Ende der 1960er Jahre eine Libellenlampe von Gallé erwerben, sozusagen ein Highlight der Jugendstilglaskunst, heute kostet so eine Ikone der Zeit gut fünfzig mal so viel.

Sicherlich ist diese „beschleunigte" Wiederentdeckung einer kürzlich zurückliegenden Epoche auch ein Resultat der modernen Welt: Mediale Vernetzung und Bilder- und Datenfluss in Echtzeit und dann, was wesentlich ist, optimale schon vorhandene Dokumentationen der zurückliegenden Zeit (ganz im Gegensatz zu manch älterer Epoche, wo Kunsthistoriker oft auch „archäologische" Arbeit in der Recherche leisten müssen) befördern die schnelle Wiedergeburt. Auch

Zocker, Entwurf: Luigi Colani, 1971–1972, Hersteller: Top System, Burkhard Lübke, Gütersloh 1973–1982, Glenk und Hansen [Foto: N. N. Pušija]

Panton Chair, Entwurf: Verner Panton 1959–1960, Hersteller: Vitra, Basel für Hermann Miller Furniture 1968–1970, Material: Polyurethan-Hartschaum „Baydur", Glenk und Hansen
[Foto: N. N. Pušija]

ein Bedürfnis der Marken- und Modeindustrie ist nicht zu leugnen. Neue Trends bedeuten auch immer neue begehrte Umsätze. Insofern sind Afri-Cola und Creme 21 wohl zeitgleich Ursache als auch Ergebnis dieser Wiederentdeckung.

Aber Novität und Ursache hin und her, die Entdeckung der Erzeugnisse der „Blumenära" und ihre Transformation vom gebrauchten Gegenstand zum historisch sammelwürdigen Objekt ist Fakt.

Und so darf sich jeder, dessen Finger mit Liebe auf diese Objekte zeigen, selbst entscheiden, ob ihm für die Freude nur die formale Idee reicht, dann kann er sich gerne „RETRO", also aus dem Möbelhaus bedienen, auch in unterschiedlicher Qualität und Preisspanne. Verspürt er aber einen Hang zur „Aura" des Originals, und das ist ein wesentliches Moment, was eine Original-, und jetzt kommt dieser Ausdruck wieder: Antiquität ausmacht, ja dann bleibt ihm nur „Vintage", wie es jetzt so modern heißt: Das möglichst frühe Exemplar eines Entwurfs in möglichst bester Originalität und Erhaltung.

Vielleicht lohnt es sich, etwas mehr zu investieren? Wer weiß, der Kunstmarkt bietet so manche Überraschung.

Marion Godau

Zwischen Höhenflug und Versenkung

Orange und Design seit den 60er Jahren

Noch in den 50er Jahren konnte es nicht zart genug sein. Und elegant. Asymmetrische Schwünge, lang gezogene kurvige Silhouetten in hellblau, pastellrosa oder hellgrün galten auf Plakaten, bei Produkten und in der Mode als zeitgemäßer Ausdruck von Dynamik und Wirtschaftskraft. Bereits fünfzehn Jahre später hatte sich das Bild komplett gewandelt. Von der Pop-Art beeinflusste Werbung schrie ihre Botschaft in grellen Farbkontrasten von der Litfasssäule herunter. Modische Frauenkleider waren jetzt nicht mehr kurvenreich und züchtig, sondern in geraden Linien gehalten und ultrakurz. Und vom Fön bis zum Sitzmöbel lösten gedrungene, kompakte Proportionen und Formen mit abgerundeten Kanten die ausschweifenden, feingliedrigen der 50er Jahre ab. Vorbei auch die Zeit der Pastelltöne. Am Ende der 60er Jahre gab es in Deutschland wohl kaum eine Familie, in deren Wohnung keine auffälligen, warme Farben wie Gelb, Rot und besonders Orange Einzug gehalten hatten. Über ein Jahrzehnt erlebte Orange seinen Höhenflug. Stühle, Rührschüsseln, Telefone, Wohnzimmereinrichtungen und Autos – Orange galt als die passende Farbe der Zeit.

Selbst der Elektrohersteller Braun, der Ende der 50er Jahre mit ultrasachlicher Gestaltung in Schwarz, Weiß und Grau Furore machte, produzierte von Mitte der 60er Jahre bis zum Ende der 70er Haartrockner, Lockenstäbe, Kaffeemaschinen und vieles mehr in den warmen, auffälligen Trendfarben Gelb, Rot und Orange. Besonders Anfang der 70er Jahre kam Braun in kurzen Abständen mit warmtonigen Batterie-Taschenlampen, Lady-Shavern, Haartrocknern und mit der Kaffeemaschine „Aromaster" auf den Markt. Sehr „in": Locken-

Braun Lockenbürste DSL 10
[Abb.: Braun GmbH]

bürste DLS 10 und Lockenstab DLS 12 von 1975. Damit ließ sich die damals als letzter Schrei geltende Afro-Frisur ondulieren. Doch wie kam es eigentlich zur Invasion von Produkten, die in schockierend auffälligen Farben gehalten waren? Wie zu orangefarbenen Staubsaugern, Haartrocknern, Cremetiegeln, Limonadeflaschen und sogar Automobilen in einem Farbspektrum, das von Maisgelb bis zu Inkarot jede Nuance des Farbtones auslotete?

Der Siegeszug

Die Verwendung der Farbe Orange ist untrennbar mit einem neuen Lebensgefühl in Europa verbunden. Und mit dem Siegeszug der Kunststoffe.

„In den 60er Jahren kommt es weltweit zu Wellen des Umbruchs und der Erneuerung. Rebellionen und Reformen erfassen die Kulturen. Die Erschütterungen sind tiefgreifend und entwickeln eruptive Kräfte. Sie betreffen das Individuum ebenso wie gesamtgesellschaftliche Entwicklungen. Tradierte Pfade werden verlassen, neue Lebenswege gesucht. Als Ideal gilt eine gleichberechtigte, friedliche Gesellschaft, in der jeder einzelne eine politische Kraft darstellt und seinen Lebenssinn finden kann."[1] Doch nicht nur politisch-gesellschaftlich kommt es unter dem Schlagwort „Studentenrevolte" zu starken Veränderungen, auch wissenschaftlich-technische Innovationen entwickeln eine Dynamik ungeahnten Ausmaßes. „Die veränderten Werte und Lebenseinstellungen erzeugen eine Aufbruchstimmung, die in den Äußerungen der Kunst und der Architektur und der Mode, des Designs und in der Körpersprache zum Ausdruck kommen. ... Das Symbolische und Soziale haben Vorrang vor Funktionalität und Technik".[2] Ein neues, von Emotionen dominiertes Lebensgefühl ist entstanden. In Gegenständen, deren Flächen mit Hilfe von Radien sozusagen „pazifistisch" ineinander übergehen, und in der Wahl von heiteren Farben wie Orange findet diese neue, positive Atmosphäre ihren Ausdruck.

Die damals neu entwickelten Möglichkeiten der Kunststofffertigung, besonders die des Spritzgussverfahrens, werden zur idealen Technologie, um gestalterischen Träumen ihren Ausdruck zu verleihen.

Mitte der 50er Jahre synthetisierten Giulio Natta und Karl Ziegler das Polypropylen und erhielten dafür 1963 den Nobelpreis. Explosionsartig setzten sich weitere chemische Werkstoffe wie Polystyrol, Polyurethan, glasfaserverstärkter Kunststoff und Arylbutadinstyrol (ABS) durch. Die Konstruktionswerkstoffe aus dem Chemielabor erreichten Mitte der 60er Jahre weltweit ihren Durchbruch. Als nicht natürlich vorkommendes, vom Menschen erdachtes synthetisches Mate-

Grillo [Abb.: Museum für Kommunikation, Frankfurt/M.]

rial war Kunststoff zudem perfektes Symbol für Menschen, die sich aktiv und weltverändernd sahen. Designer entdeckten die neuen Materialien schnell für ihre Arbeit. Sie sahen sich plötzlich in der Lage, widerstandsfähige, leichte, wetterbeständige und billige Produkte für jede Käuferschicht zu entwickeln. Euphorisch nutzten sie die nun kräftig pigmentierbaren, durch Hitze verformbaren Kunststoffe. Besonders faszinierend für Designer war die Möglichkeit, superglatte, glänzende Oberflächen zu erzeugen und beinahe jeden denkbaren Schwung zu realisieren. Ende der 60er bis Mitte der 70er Jahre ähnelten die entstandenen Produkte dann auch eher Skulpturen als Alltagsgegenständen. Optimismus ausstrahlend trafen sie auf einen entsprechend positiv gestimmten Markt.

Der Höhepunkt

Am hemmungslosesten experimentierten italienische Designer mit bunten Farben und den Gestaltungsmöglichkeiten des Kunststoffs. Joe Cesare Colombo etwa, Designer aus Mailand, präsentierte um 1965 einen Kunststoff-Stuhl, der im brandneuen Druckziehverfahren hergestellt wurde. „Universale" besteht aus einem Sitzteil und vier Beinen, die nach der Produktion zusammengesetzt werden. Der Stuhl ist stapelbar und kann aneinander gereiht werden. Um das Sitzteil aus der Gießform nehmen zu können, entwarf Colombo eine Öffnung in der Rückenlehne.

Ebenfalls ein Meilenstein des italienischen Designs dieser Zeit ist „Grillo", ein klappbares Telefon, das vom Designerduo Richard Sapper und Marco Zanuso für eine italienische Tochter des Siemenskonzerns entwickelt wurde.

Das Telefon aus robustem ABS-Kunststoff bekam 1966 den renommierten italienischen Designpreis Compasso D'oro und fiel durch seine organische Form, seinen handschmeichlerischen Hörer und seine raffiniert in der Innenseite des Hörers untergebrachte Wählscheibe auf. „Grillo" war seiner Zeit weit voraus. Geschickt vergrößerten Sapper und Zanuso mit Hilfe eines Federgelenks den Abstand zwischen Mikrofon und Lautsprecher – wie bei heutigen Handys[3]. Natürlich gab es das Klapptelefon auch in Orange – der Farbton, der Mitte der 60er Jahre als absolut unverzichtbar für moderne Gestaltung schien. „Eine Farbe, die wohltut, weil sie alle Konflikte entspannt", urteilte Anfang der 60er Jahre der Farbexperte Eckart Heimendahl[4]. Die „sanfte Glut" sei aktiv, warm und offen, eine oberflächliche Farbe und nur bunter Schein, findet Heimendahl. „Kein Herrschen, kein Streben, kein Sich-Aufdrängen, nur Genuss von eigentümlich sinnlicher Frische, ganz fruchtbare Anregung wie der Geschmack der Frucht, die ihr den Namen gab."[5] Als Farbe, die „leicht und heiter die frohe Seite des Lebens zeigt", passte Orange perfekt, um in der Wohnung, der Kleidung und auf der Straße ein optimistisches Lebensgefühl und starkes Selbstbewusstsein auszudrücken.

Doch auch deutsche Designer standen nicht zurück.

Noch bis Mitte der 60er Jahre galten in Deutschland Produkte als Nonplusultra, die wie die kantigen, ultrasachlichen und asketisch wirkenden Geräte der Firma Braun gestaltet waren. Diese Formen und Konstruktionen sprachen nicht das Gefühl, sondern den Verstand an. Einige junge Designer brachten im Gegensatz dazu unkonventionelle Polster- und Kunststoffelemente hervor und fanden so Designlösungen, die in unmittelbarem Zusammenhang mit dem gesellschaftlichen Aufbruch gelesen werden konnten.

Einer dieser damals nach neuen (Gestaltungs-)Wegen Suchenden ist Günter Beltzig. „Es war die Zeit des Infragestellens, kurz vor dem Pariser Mai '68", erinnert sich der damals für Siemens arbeitende Designer. „Die Mondlandung der Amerikaner, die Raumfahrt, neue Materialien, neue Denkanstöße, neue Lösungen für alte Probleme bestimmten unser Denken."[6] Sein Stuhl „Floris" war ihm Protest gegen

Braun Schlagwerk Kaffeemühle KSM1, 1967 [Abb.: Braun GmbH]

Braun Kaffeemaschine KF 20
[Abb.: Braun GmbH]

die Designkonvention „form follows function" und die damit verbundene Maxime, eine möglichst ewig gültige, „wahre" Gestalt zu finden. Design-Altmeister Ingo Maurer bestätigt: „Sicher waren die Visionen damals sehr stark auf die Veränderung der Gesellschaft ausgerichtet. Wir wollten aus dem Mief der 50er Jahre raus ... Es gab Schwung, Tempo, Power, Provokation und vor allen Dingen den Glauben an ein ewiges So-Weiter-Machen". Mit der Ölkrise 1973 sei das vorbei gewesen und „Back to nature" setzte langsam ein.[7]

Kunststofftechnologie und gesellschaftliche Aufbruchsstimmung führten zu einer skulpturalen Formensprache, die die Dynamik der Zeit ausdrückte.

In diesen Jahren entwickelt sich eine fruchtbare Zusammenarbeit zwischen Gestaltern und Kunststoffindustrie, die bis heute andauert. Beltzig formte seinen Stuhl „Floris" mit Hilfe von Gipsmodellen. Im Herbst 1967 war der Stuhl fertig. Elastisch federnd und stapelbar wurde „Floris" dann maschinell in einem Stück in einer zweiteiligen Form hergestellt. Wie der ein Jahr zuvor in einem Stück gegossene „Bofingerstuhl", von Helmut Bätzner entworfen, wird „Floris" quasi von der Maschine modelliert.

Einer der damals erfolgreichsten Entwürfe Ingo Maurers, ein Aufbewahrungspaneel mit Namen „Uten-Silo" ging auf die Idee seiner damaligen Frau Dorothée Becker zurück und war ebenfalls aus Kunststoff. Auch hier ist der Eindruck vorherrschend, man habe weniger ein Objekt zur Aufbewahrung von Arbeitsutensilien vor sich als vielmehr eine Skulptur. Am deutlichsten lässt sich die Abkehr von konventionellen Konstruktionen im Möbelbau jener Zeit ablesen. Sitzmöbel mutieren zu amorphen Stützen, „auf denen sich Positionen des Liegens, Sitzens, Hockens und Lagerns einnehmen lassen. Stühle wie Sessel verlieren ihre eindeutige Kontur und Funktion. Der Stuhl ist kein Gestell mehr. Stuhl und Sessel wandeln sich zur Skulptur".[8] Auch die Proportionen wandeln sich. Sitzgelegenheiten werden niedriger und nähern sich der (abgerundeten) Würfelform an. Zusammengestellt bildeten sie die damals so typischen Wohnlandschaften. Sitzende kauern auf amorphen glasfaserverstärkten Kunststoffhügeln oder räkeln sich in weichen Mulden aus Polyurethan. Hajo Eickhoff entdeckt in diesen Möbeln phantasievolles Spielzeug für Erwachsene. Nicht der Verstand, sondern das Gefühl soll angesprochen werden.[9]

Das Ende

Aktivität, Phantasie, Gefühl – die Kehrseite dessen war eine unbedarfte Wegwerfmentalität, die erst mit der alternativen Bewegung Ende der 70er Jahre aufgebrochen wurde. Zuvor waren Wegwerfprodukte durchaus erstrebenswert. Bürgerlicher Besitz galt als spießig, und Produkte konnten leicht zu Fetischen mutieren, deren Konsumterror man sich zu entziehen hatte. Kunststoffmöbel hingegen wurden euphorisch begrüßt und galten zunächst als Zeichen für Nonkonformismus und Freiheit. Kunststoffmöbel waren zudem billig herzustellen und versprachen Möbel für alle. Gefielen sie nicht mehr, wurden sie bedenkenlos weggeworfen, auch und gerade von der jungen Generation. Der Name des Billigsessels „Throw away" von Willie Landels ist durchaus als Programm zu verstehen.[10]

Vielleicht war es visuelle Überreizung, sicher aber führte auch die noch unausgereifte Kunststoff-Technologie nach kurzer Lebensdauer zu Selbstauflösungserscheinungen bei zahlreichen Produkten. Mechanische Einwirkungen, Temperatur, Licht sowie Sauerstoffkontakt ließen Risse und Schmelzdellen entstehen. Kunststoffstühle bröselten dem Be-sitzer buchstäblich unterm Hintern weg. Und mangelnde Farbbeständigkeit der nichtsdestotrotz meist hochgiftigen Farbpigmente ließen aus den einst leuchtfarbenen Oberflächen hässlich-fahlen Müll werden.

Dass Kunststoffe umweltbelastend sein können und Ressourcen verschlingen wurde schlagartig mit der Ölkrise 1973 klar. Das langsam einsetzende ökologische Umdenken ließ ab Mitte der 70er Jahre auch die orangefarbene Produktwelle auslaufen. Die Farbe passte einfach nicht zur nun einsetzenden Zurück-zur-Natur- und Do-it-yourself-Bewegung. Nun wurden wieder sanftere Farbtöne angeschlagen. BMW etwa nahm seine orangefarbenen Automodelle 1977 vom Markt, und auch Volkswagen produzierte den legendären VW-Bully, Traum einer ganzen Hippiegeneration, ab 1979 nicht mehr in Orange. Gerade die einstige Lieblingsfarbe der Designer wurde fortan mit umweltschädlichem Plastik assoziiert. Und das negative Image sollte nicht sobald von der Farbe weichen.

Nicht von ungefähr machte Eva Heller Ende der 80er Jahre in einer Studie über Farbwirkungen Orange als die unbeliebteste Farbe der Deutschen aus.[11] An der im Mittelalter in Europa noch weitgehend unbekannten Mischfarbe findet Heller wenig Gutes: „Orange ist eher eine modische als eine moderne Farbe. Es ist modisch im negativen Sinn: Ausdruck des unangenehm Grellen, des manipulierten Geschmack … Was orange ist, wirkt billig, denn es ist meist aus Plastik … Das traditionell schlechte Image der Farbe Orange hat sich in den letzten Jahren verstärkt. Vom Abfalleimer bis zur Zitronenpresse – jeder Artikel aus Plastik wurde in Orange angeboten, und oft in keiner anderen Farbe … Zu den wenigen Eigenschaften, bei denen die meisten Befragten zuerst an die Farbe Orange denken, gehören die Aufdringlichkeit und das Extrovertierte … Was aufdringlich ist, ist laut und nah. Orange ist erfahrungsgemäß eine Farbe der Nähe".[12] Heller weiß in ihrer Studie immerhin auch von einigen positiven Eigenschaften der Farbe zu berichten. Als Kombination aus Licht und Wärme, für die Gelb und Rot stehen, haben orangefarbene Räume ein angenehmes Raumklima. Orange sei die Farbe der Energie, des Vergnügens, des Lustigen und der Geselligkeit: „Auch die modernen Maler verwenden Orange als Farbe der Lebensfreude".[13] Wie keine andere Farbe symbolisiere Orange den Wandel. Im Buddhismus sei Orange die Farbe der Erleuchtung. In Indien würde Orange wertgeschätzt und viel differenzierter wahrgenommen als bei uns.

Lebensfreude, Wandel, gar Erleuchtung. Da nimmt es nicht Wunder, dass Orange in den bewegten Jahren um 1968 zur Farbe der Zeit wurde.

Ganz andere Eigenschaften stehen heute bei der Entscheidung für die Farbe Orange im Vordergrund. Hierzulande wird oftmals mehr die schnelle Wahrnehmbarkeit als Sicherheitsfarbe geschätzt. Orange schützt durch Auffälligkeit. Maschinenteile, die gefährlich sein können, erhalten einen Anstrich in Orange. Behälter mit entzündlichem, explosivem oder giftigem Inhalt werden ebenfalls mit dieser Farbe gekennzeichnet.[14] Klar, dass Orange lange Zeit nicht das beste Image genoss.

Die Rückkehr

Totgesagte leben bekanntlich länger. Und seit Beginn des neuen Jahrtausends erlebt Orange eine verhaltene Renaissance. Das seriöse Zweite Deutsche Fernsehen etwa gönnte sich 2001 einen neuen Markenauftritt. Orange spielt dabei eine tragende Rolle.

Im Styleguide des ZDF ist nachzulesen, dass bei der Logoentwicklung Unverwechselbarkeit und starke Wiedererkennung im Vordergrund standen, außerdem die Verbindung von Tradition und Vision. Das ZDF möchte „mit Dynamik und neuen Schwung in die Zukunft blicken"[15]. Der Fernsehsender ist überzeugt, dass das ZDF-Orange „die Emotionalität und Dynamik verkörpert, die das ZDF den Zuschauern als modernes Medienunternehmen vermittelt"[16]. Zur Farbwahl heißt es: „Lange Jahre hat die Farbe Blau maßgeblich das Image des ZDF geprägt. Blau als Farbe hat hier sicherlich den Anspruch des ZDF an Qualität und Erfahrung unterstützt, gleichzeitig aber eine sehr kühle und distanzierende Wirkung auf den Zuschauer ausgeübt. Hiermit ließ sich das moderne Image der Marke ZDF nicht mehr glaubwürdig vermitteln. Die weit verbreitete Nutzung der Farbe Blau trägt weiterhin nicht zur einzigartigen Positionierung des ZDF und seiner Wiedererkennbarkeit bei"[17]. Um eine Differenzierung des ZDF zu anderen TV-Anbietern zu erzielen und die „visuelle Ansprache" insbesondere jüngerer Zielgruppen zu verstärken, wählte der Fernsehsender eine „wärmere, lebendigere Farbwelt", die die Marke adäquat repräsentieren sollte.

Die Wahl fiel auf die Farbe Orange, genauer bezeichnet auf „Pantone 151 C". Dieses Orange charakterisiert das ZDF laut Styleguide als modernes, dynamisches Medienunternehmen. Es kommuniziert die emotionalen Werte des Hauses. Vermieden werden soll jedoch, dass „die Zuschauer an allen Ecken und Enden mit dieser so aussagekräftigen und auch auffälligen Farbe überfordert werden"[18]. Aus diesem Grund erscheint das ZDF-Orange ausschließlich im ZDF-Logo und als Akzentfarbe.

Auch das Münchner Touristikunternehmen Frosch Touristik International FTI hat sich für die warme Farbe entschieden und wirbt seit 2005 sogar mit dem Werbespruch „Urlaub orange". FTI signalisiert nach eigenen Angaben mit „Urlaub Orange" innovative Produktthemen und preisgünstige Urlaubsangebote[19] – ganz im Sinne Eva Hel-

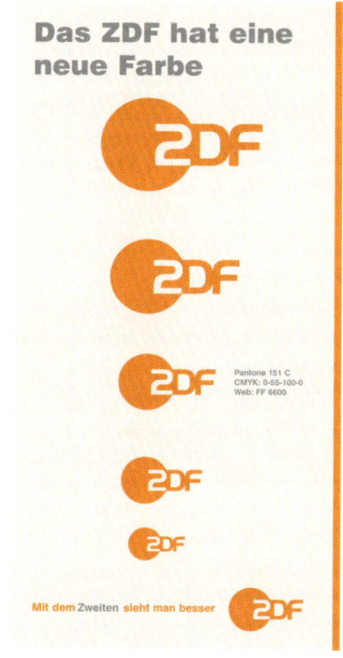

Seit dem 2. Juni 2001 präsentiert sich das ZDF in Orange
[Abb.: ZDF]

lers, die in ihrer Studie der Farbe Orange zwar das Attribut billig, aber auch kreativ zuschrieb.

Auf der Suche nach Orangefarbenem wird man heute nicht nur in den Printmedien oder im Internet wieder fündig. Wer sich in Geschäften und Schaufenstern umsieht, stößt auf eine Vielzahl an orangefarbenen Produkten. Es ist wohl nicht mehr nur das Schnäppchen, auf das die Farbe mit signalfarbenen Anzeigen aufmerksam machen soll. Vielmehr geht es farbpsychologisch um Freude, Lebhaftigkeit, Spaß, Lebensbejahung, Ausgelassenheit und Aktivität.[20]

Der hochpreisige italienische Bettwäschehersteller Bassetti beispielsweise schwelgt in orangefarbenen Decken und Kissen, die von Mustern aus China, Marokko oder Indien inspiriert sind. Möbelhersteller Kartell, der ebenfalls in Italien ansässig ist, hat neben anderen Farben wie selbstverständlich orangefarbene Deckenlampen und Containermöbel im Sortiment. Und Entwürfe international bekannter Designer wie Philippe Starck, Ron Arad und Hella Jongerius werden in wenigen Farben angeboten, unter denen dennoch Mandarinen- und Apfelsinentöne zu finden sind. Zwar werden Orange- und Brauntöne nach wie vor mit den 70er Jahren verbunden, doch gelten Gelb, Orange und Rot positiv als „warme, energetische Farben"[21] und tauchen in so mancher Wohnung wieder auf.

40 Jahre nach Kunststoffeuphorie und Farborgien meldet sich Orange also zurück. Längst ist orangefarbene Kleidung – vom T-Shirt bis zum Sommermantel – wieder in den Alltag eingezogen. Die Firma Logstoff etwa bietet neben anderen Varianten zweifarbige Taschen in einer Tomatenrot-Orange-Kombination an. Manufactum, das mit dem Claim „Es gibt sie noch, die guten Dinge" eine eher konservative Klientel anspricht, verkauft in seinen Läden Rührschüsseln aus orangefarbenem Plastik. Und selbst Volkswagen, darauf bedacht, den Massengeschmack zu treffen, bietet neben den üblichen Varianten in diversen Grauabstufungen mit dem „Golf Plus Goal" zur Fußball-Weltmeisterschaft wieder einen Wagen, nicht in Rasengrün, sondern in appetitanregendem Orange an. In die Elektrowarenabteilungen der Supermärkte mag die Farbe jedoch noch nicht einziehen. Und echte Luxusgüter wie etwa entsprechend gefärbte Rolexuhren wurden ebenfalls noch nicht gesichtet. Aber vielleicht kommt das ja noch.

1 Hajo Eickhoff: Sitzen in den 60er Jahren. In: Gerda Breuer u. a.: Die 60er. Positionen des Designs. Köln o. J., S. 126.

2 Ebd.

3 Hans Ulrich Kölsch: Objektdesign in Kunststoff. In: Gerda Breuer u. a.: Die 60er. Positionen des Designs. Köln o. J., S. 164.

4   Eckart Heimendahl: Licht und Farbe. Ordnung und Funktion der Farbwelt. Berlin 1961, S. 201.

5   Ebd.

6   Günter Beltzig: Meine Sixties. In: Wolfgang Schepers (Hg.): Design und Alltagskultur. Zwischen Konsum und Konflikt. Köln 1998, S. 50.

7   Barbara Til: Interview mit Ingo Maurer. In: Wolfgang Schepers (Hg.): Design und Alltagskultur. Zwischen Konsum und Konflikt. Köln 1998, S. 83f.

8   Hajo Eickhoff: Sitzen in den 60er Jahren. In: Gerda Breuer u. a.: Die 60er. Positionen des Designs. Köln o. J., S. 130.

9   Ebd.

10   Ebd., S. 133.

11   Eva Heller: Wie Farben wirken. Reinbek bei Hamburg 1989, S. 261.

12   Ebd., S. 261f.

13   Ebd., S. 264.

14   Ebd., S. 268.

15   Styleguide ZDF, S. 7.

16   Ebd., S. 9.

17   Ebd. S. 8.

18   Styleguide ZDF, S. 8.

19   Pressemitteilung FTI vom 1.6.05.

20   Heutige Beschreibungen der Mischfarbe klingen wesentlich positiver als in Eva Hellers Studie von 1989. Auf der Website der Carl von Ossietzky Universität Oldenburg werden Orange farbsymbolisch Gefühle und Stimmungen wie Freude, Lebhaftigkeit, Spaß, Lebensbejahung, Ausgelassenheit, Aktivität und Fanatismus zugeordnet. www.is.informatik.uni-oldenburg.de/..., 29.3.2006).

21   Rüdiger Jodan: Faustregeln zur Farbgestaltung. In: Süddeutsche Zeitung, 10.1. 2005.

Mit dem BMW 2002 TI, der zwischen 1968 und 1971 produziert wurde, kam Orange in die graue Stadt, damals noch weit weniger mit bunter Werbung durchzogen als heute [Foto: BMW AG Historisches Archiv]

Die Autorinnen und Autoren

Brigitte Glenk und Christian Hansen   Glenk und Hansen, Klassische Möbel des 20. Jahrhunderts. Christian Hansen, geb. 1962, Kunsthändler. Brigitte Glenk, geb. 1963, Dipl. Kauffrau (FH).

Marion Godau   geb. 1962 in Berlin, studierte Industriedesign an der Hochschule der Künste in Berlin. Mitinitiatorin des jährlichen internationalen Berliner Designfestivals Designmai. Publizierte zuletzt: „Produktdesign. Eine Einführung mit Beispielen aus der Praxis", Basel 2003.

Harald Martenstein   geb. 1953, Historiker (M.A.) und Redakteur, arbeitet als Kolumnist für die „Zeit", als Autor für den „Tagesspiegel" und als Reporter für „Geo". Jüngste Buchveröffentlichung: „Vom Leben gezeichnet. Tagebuch eines Endverbrauchers" (Hoffmann & Campe).

Thomas Rogalla   geb. 1953, Studium der Skandinavistik und Publizistik, Redakteur der Berliner Zeitung.

Ralf Sotscheck   geb. 1954 in Berlin, Studium der Wirtschaftspädagogik an der FU Berlin, Abschluss 1983. Seit 1985 Korrespondent der taz, die tageszeitung, in Dublin, seit 1988 auch für Großbritannien zuständig. Publikationen u.a.: Der gläserne Trinker (Tiamat 2006), Gebrauchsanweisung für Irland (Piper 2005), In Schluckenzwei-Spechte (mit Harry Rowohlt, Tiamat 2003).

Paul Stoop   Dr. phil. (Geschichte), Vrije Universiteit Amsterdam (1987), Leiter des Informations- und Kommunikationsreferats, Wissenschaftszentrum Berlin für Sozialforschung (WZB).

Katja Tichomirowa   geb. 1964 in Hannover, Studium der Germanistik, Slawistik, Geschichte und Philosophie in Hannover, Hamburg und St. Petersburg, Korrespondentin der Berliner Zeitung in Moskau seit Januar 2003.

Sabine Weißler   geb. 1958, Studium der Politikwissenschaft und der Kunstgeschichte in Heidelberg und Berlin (Dipl. Pol.), Leiterin des Kultur- und Bibliotheksamtes Steglitz-Zehlendorf in Berlin, veröffentlichte u.a. „Fokus Wandervogel" (Hg.), Marburg 2001.

Mein schönstes Orange.

www.creme21.com

Creme 21 taucht nicht nur Ihr Bad in ein schönes, fröhlich-leuchtendes Orange, sondern gibt Ihrer Haut auch alles was Sie braucht, um unkompliziert schön gepflegt zu sein: Intensive Feuchtigkeit, wertvolle Wirkstoffe wie Pro-Vitamin B5 und Vitamin E und – besonders schön – einen frischen, natürlichen Duft.

Creme 21 schützt Ihre Haut und macht sie glatt, geschmeidig und zart. So macht Pflege einfach Spaß! Einfach mal ausprobieren!

Creme 21. Fühl Dich jung.

Ist doch prima, wenn alles im Eimer ist!

www.BSR.de

So orange ist nur Berlin